NÄHEN MIT JERSEY FÜR BABYS

INHALT

▶ **Dieses Symbol weist auf das Video zur Technik in der Digitalen Bibliothek hin.**

INA ANDRESEN

FÜR BABYS ZU NÄHEN IST WUNDERBAR!

Für unsere Jüngsten zu nähen macht besonders viel Freude. Ob für die eigenen Kleinen oder als Geschenk – kuschelige Kleidungsstücke, Nützliches wie den Schlafsack oder neu zu entdeckendes Spielzeug, alles wird gebraucht. In den schönen Farben und niedlichen Mustern der Jersey-Stoffe sind die Modelle einmalig und individuell.

Die meisten Modelle im Buch passen den Größen 56–86, einige, wie die Mützen und der Schlafsack, sind in Übergangs-/Doppelgrößen vorhanden.

Jersey zu verarbeiten ist leichter als gedacht. Alle wichtigen Grundlagen zum Verarbeiten von dehnbaren Stoffen, sowie die einzelnen Anleitungen, sind mit Illustrationen ergänzt und so auch für Anfänger*innen gut umzusetzen. Besonders wichtige Techniken werden zusätzlich anhand von Videos erklärt.

Probieren Sie doch gleich etwas aus!

Viel Spaß dabei und beim Ausstatten und Beschenken der Kleinen!

Ihre Ina Andresen

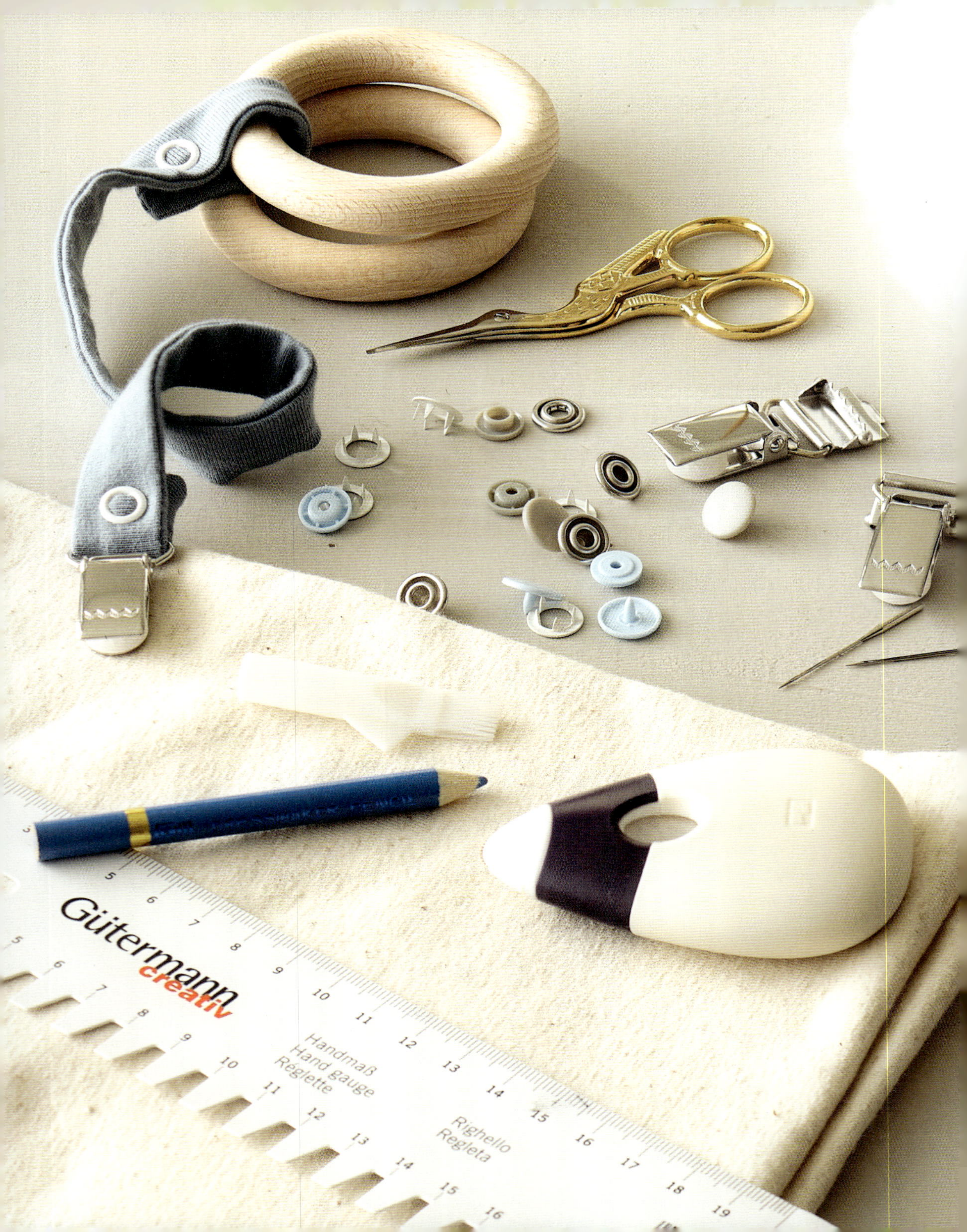
Gütermann
creativ
Handmaß
Hand gauge
Réglette
Righello
Regleta

GRUNDWISSEN

MATERIAL

STOFFE

Für die Modelle im Buch eignen sich alle Arten dehnbarer Stoffe wie Jersey, Interlock, Nicki, Sweatshirt-Stoff, Fleece, Stretch-Frottee und Bündchenware. Diese Stoffe fransen kaum aus und müssen daher nicht zwingend versäubert werden. Achten Sie beim Kauf von Jersey auf eine gute Qualität, dann haben Sie lange Freude an Ihren Modellen.

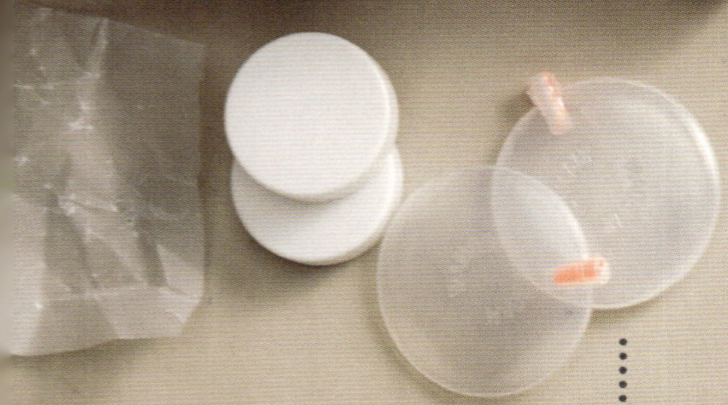

RASSEL, QUIETSCHE, KNISTERFOLIE

Mit Rasseln, Quietschen und Knisterfolie lassen sich Spielzeuge für Babys interessant gestalten. Rasseln und Quietschen gibt es als Handarbeits-Zubehör im Handel, als Knisterfolie eignet sich Bratenfolie aus dem Supermarkt. Sie hat einen tollen Knistereffekt, ist hitzebeständig uns lässt sich problemlos waschen.

BEISSRING, CLIP

Beißringe gibt es aus naturbelassenem Holz oder mit speichelfester Farbe überzogen. Clips als Befestigung für Spielzeug finden Sie im Bastelfachhandel oder Babymärkten.

VLIESE

Um z. B. eine Spieldecke bequem auszustatten, eignen sich **Volumenvliese** in verschiedenen Stärken. Es gibt Synthetik-, Baumwoll- und Wollvliese. Stärke und Dichte sind ausschlaggebend für das Volumen sowie die wärmenden Eigenschaften des Vlieses. Besonders weich und kuschelig ist **Wollvlies.** Auch bei Vliesen unbedingt auf die Waschbarkeit achten!

Zum Verstärken einiger Bereiche – z. B. vor dem Anbringen von Druckknöpfen – werden **Vlieseinlagen zum Aufbügeln** verwendet. Sie geben dem Stoff mehr Festigkeit sowie Formbeständigkeit und verhindern, dass stark beanspruchte Stellen ausreißen.

Vliesofix ist ein doppelseitig klebendes Vlies, das z. B. zum Anbringen von Applikationen verwendet wird. Auf einer Seite ist das Vliesofix mit Trägerpapier beschichtet, auf das ein Motiv gezeichnet werden kann.

FÜLLWATTE

Füllwatte wird für alle Modelle benötigt, die besonders kuschelig werden sollen, zum Beispiel für Kissen, Stofftiere und Spielzeuge. Wer für Kinder näht, sollte waschbare Füllwatte verwenden, damit alles problemlos in der Waschmaschine gereinigt werden kann.

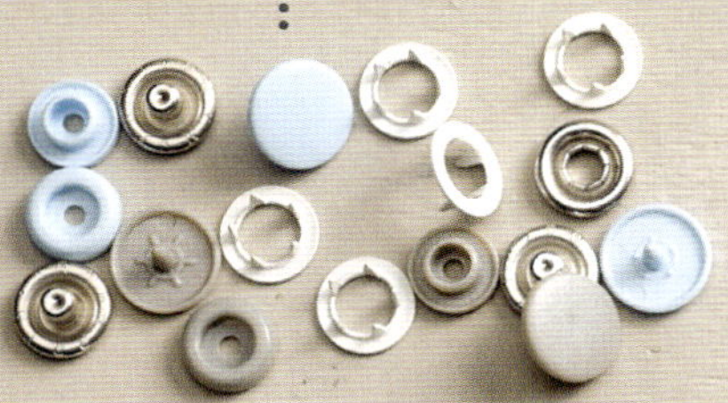

DRUCKKNÖPFE

Für dehnbare Stoffe gibt es spezielle Jersey-Druckknöpfe. Sie haben eine etwas schwächere Verschlusskraft und sind so konstruiert, dass sich beim Öffnen der Zug gleichmäßig verteilt.
Wird der Stoff auf der linken Seite mit Bügeleinlage verstärkt, können auch übliche Kunststoff-Druckknöpfe genutzt werden. Drucker stets mit dem passenden Werkzeug nach Herstellerangaben anbringen, dabei beachten, dass Ober- und Unterteil des Druckers korrekt angeordnet sind und ineinandergreifen können.

NÄHMASCHINENNADELN

Für die Verarbeitung von Strick-/Wirkware eine **Stretch- oder Jerseynadel** mit abgerundeter Spitze verwenden, die beim Nähen die Stoffe nicht beschädigt. Für Säume kann eine **Zwillingsnadel** verwendet werden.

NADELN

Mit **Stecknadeln** werden die Stofflagen aufeinander fixiert. Es gibt sie mit Metall- oder Glasköpfen. Die Glasköpfe lassen sich leichter greifen, während die Metallnadeln flacher auf dem Stoff liegen. Um Wendeöffnungen mit einem unsichtbaren Matratzenstich zu schließen, wird eine spitze **Handnähnadel** verwendet. Sie sollte nicht zu dick sein, damit sie sich gut durch die Stoffe schieben lässt.

ZUBEHÖR

SCHEREN

Stoffe lassen sich am besten mit einer **Stoffschere** schneiden, die für nichts anderes verwendet wird. Beim Schneiden von Papier oder Anderem könnte sie mit der Zeit stumpf werden. Ebenso praktisch ist eine kleine **Stickschere,** um z. B. die Nahtzugaben einzuknipsen, oder kleinere Details auszuschneiden. Die Schnittmuster werden nach dem Übertragen auf Schnittmusterpapier mit einer **Papierschere** ausgeschnitten.

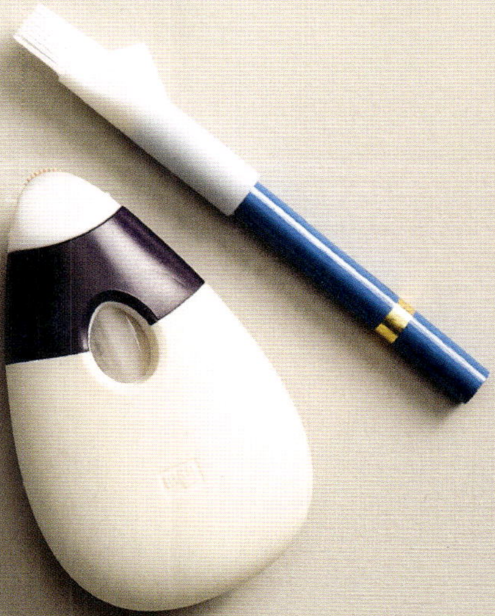

NÜTZLICHE HELFER

Zum Einzeichnen von Hilfslinien und Markierungen eignen sich **Schneiderkreide,** ein **Trickmarker** oder ein weicher **Bleistift.** Zum Abmessen von Längen verwendet man ein **Maßband** oder bei kürzeren Strecken ein **Handmaß.**

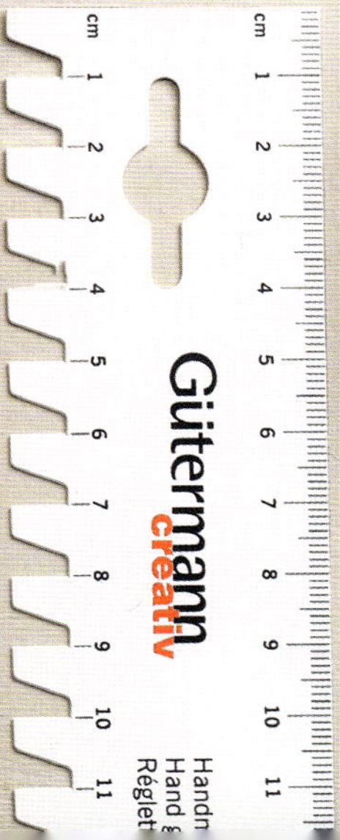

ZUSCHNEIDEN

SIEHE **SPICKZETTEL**

SCHWIERIGKEITSGRADE

● schnell und einfach
●● braucht etwas Übung
●●● etwas anspruchsvoller

LEGENDE SCHNITTMUSTERBOGEN

Die meisten Schnittmuster gibt es für die Größen 56–86.
Jedes Modell hat eine eigene Farbe und jede Größe eine eigene Linienart.

56
62
68
74
80
86

SCHNITTMUSTER KOPIEREN

▶ VIDEO I

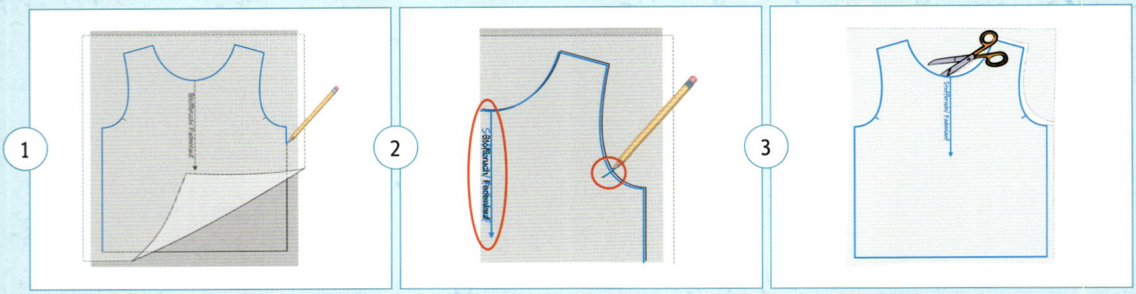

1 Zum Abpausen transparentes Papier verwenden. Das Papier auf die Schnittmuster im Schnittmusterbogen legen, falls nötig mit einigen Gewichten beschweren, und mit Bleistift nachfahren. **2** Alle Markierungen mit übertragen! **3** Anschließend das Schnittmuster mit einer Papierschere ausschneiden. Auf die gleiche Weise alle Schnittteile vorbereiten, die für das gewählte Modell benötigt werden.

STOFF VORBEREITEN

Die angegebenen Materialmengen beziehen sich jeweils auf die größte Modellgröße. Ggf. anhand der Schnittteile die individuell benötigte Menge ermitteln.
Am besten jeden Stoff vor dem Verarbeiten waschen und, falls vorhanden, auch in den Trockner geben. Dann läuft das fertige Teil später nicht mehr ein.

NAHTZUGABEN

Die **Schnittmuster enthalten keine Nahtzugaben**. Alle Teile, wenn nicht anders angegeben, mit 7–10 mm Nahtzugaben zuschneiden.
Die Schnittteile, die in den einzelnen Anleitungen als Zuschnitt von Streifen oder Rechtecken angegeben sind, enthalten in diesen Maßangaben bereits Nahtzugaben.

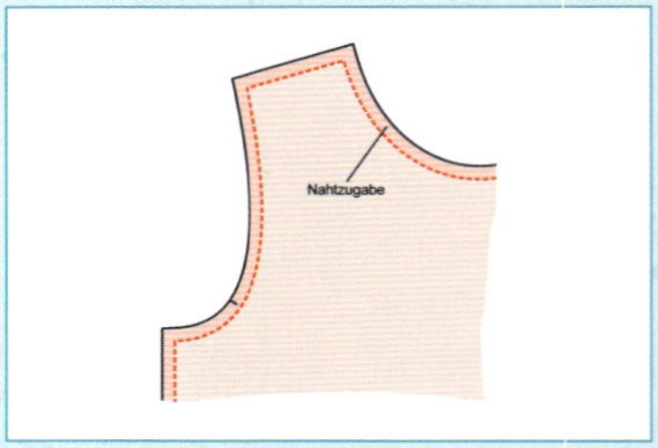

ZUSCHNITT

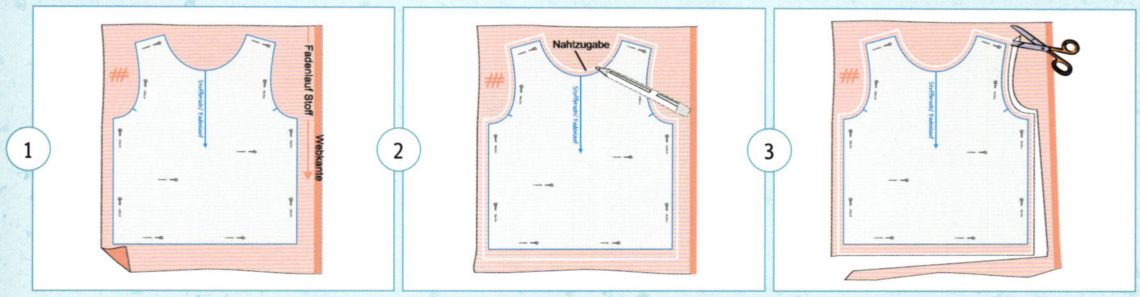

1 Die Schnittmuster im Maschenlauf/Fadenlauf auf die linke Stoffseite stecken und mit Nadeln fixieren. Der Maschen-/Fadenlauf ist im Schnittmuster mit einem Pfeil eingezeichnet und sollte stets parallel zu den Webkanten des Stoffs liegen. **2** Alle **Markierungen** mit Schneiderkreide auf den Stoff übertragen und die Nahtzugaben anzeichnen.
3 Anschließend den Papierschnitt entfernen und das Schnittteil mit **Nahtzugaben** (> Seite 11, unten) ausschneiden.

Um die Schnittteile in **doppelter Stofflage** auszuschneiden, den Stoff rechts auf rechts falten und dann wie oben beschrieben verfahren. So erhält man gespiegelte Schnittteile, also z. B. rechtes und linkes Vorderteil. Zum Ausschneiden in doppelter Stofflage die Stoffe mit Stecknadeln aufeinander fixieren, damit sie beim Schneiden nicht verrutschen.

IM STOFFBRUCH

Den Stoff im Fadenlauf rechts auf rechts falten.

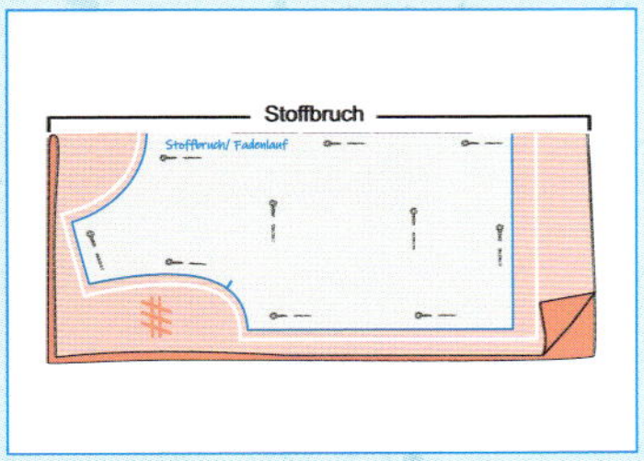

Das Schnittmuster mit der entsprechenden Kante an der so entstandenen **Faltkante (Stoffbruch)** anlegen.

GEMUSTERTE STOFFE ZUSCHNEIDEN

Für den Einstieg kleingemusterten Stoff, mit nicht genau begrenzten Mustern verwenden. Bei großen Mustern kann sich der Stoffverbrauch erhöhen.

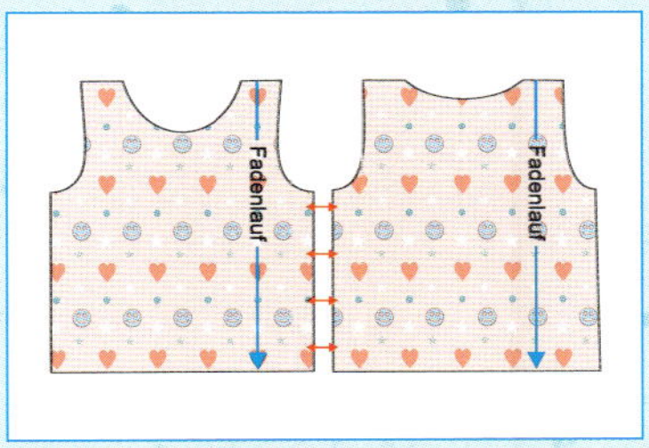

Bei Motivstoffen darauf achten, dass alle Schnittteile im Fadenlauf entsprechend dem Muster aufgelegt werden, sodass beim fertigen Modell das Muster nicht auf dem Kopf steht.

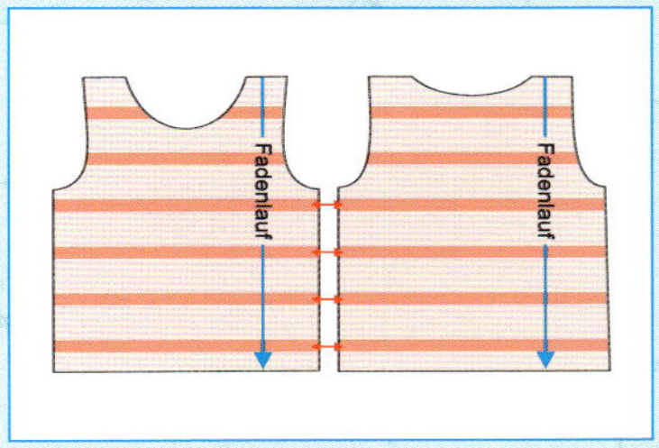

Bei Streifen oder karierten Stoffen sollten Sie außerdem beachten, dass Muster an den Seitennähten zweier Teile passgenau aufeinandertreffen.

VOR DEM NÄHEN

SIEHE SPICKZETTEL

VLIESEINLAGE AUFBÜGELN

▶ VIDEO 2

1 Die Vlieseinlage mit der **klebenden Seite** auf der **linken Stoffseite** platzieren. **2** Ein feuchtes Tuch darüber legen und mit Druck festbügeln. Das Bügeleisen für die vom Hersteller angegeben Zeit und in der angegebenen Hitze-Einstellung fest auf den Stoff drücken.

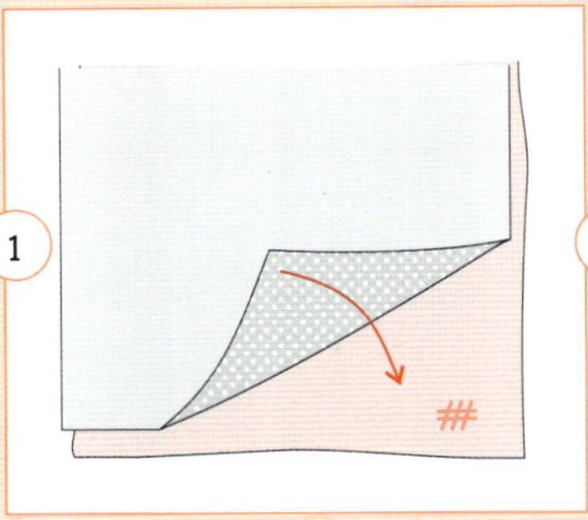

STICHE FÜR BAUMWOLLSTOFFE

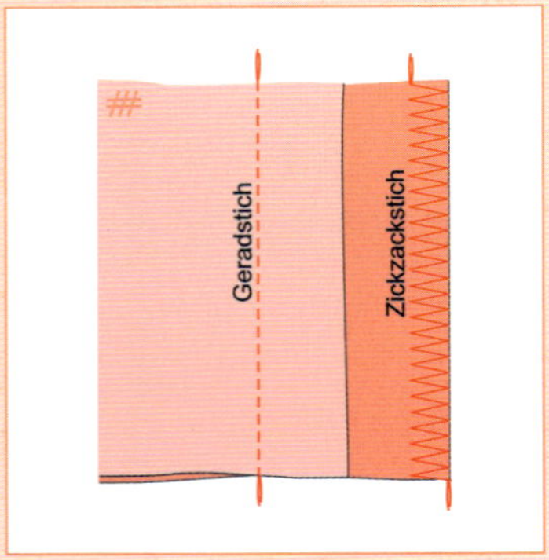

Für die Baumwollstoffe werden der **Geradstich** und zum Versäubern der **Zickzackstich** verwendet. Säume und sichtbare Nähte können auch mit **Zierstichen** abgesteppt werden.

STICHE FÜR DEHNBARE STOFFE

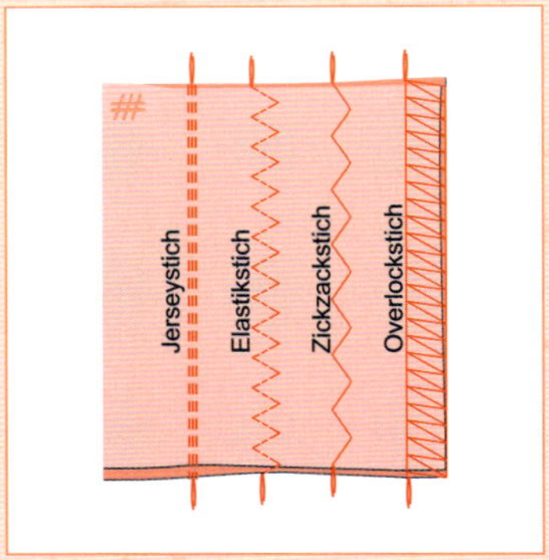

Zum Zusammennähen der dehnbaren Stoffe eignen sich der **Jerseystich (dreifacher Geradstich)**, der **Elastikstich**, ein im flachen Winkel eingestellter Zickzackstich oder der Pseudo-Overlockstich.

NÄHEN MIT DER ZWILLINGSNADEL

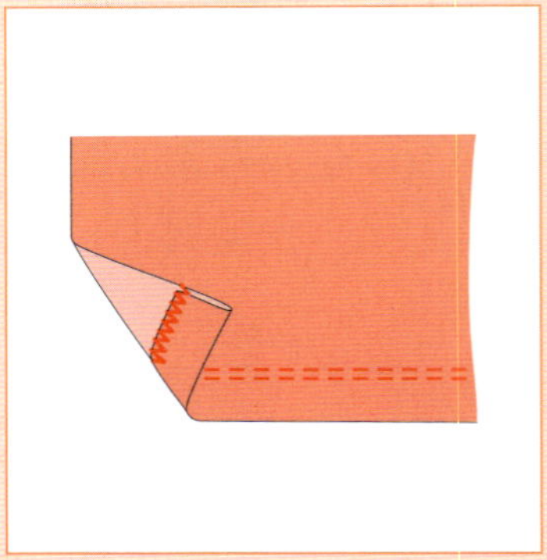

Die Zwillingsnadel näht mit zwei Oberfäden im Geradstich, auf der Unterseite verläuft der Unterfaden im Zickzack. So entsteht eine dehnbare Naht, die auf der Oberseite zwei akkurat parallel verlaufende Nahtlinien zeigt. Beim Einsatz der Zwillingsnadel sollte deshalb immer von der rechten Stoffseite aus genäht werden.

NÄHEN

GERADE NAHT

▶ VIDEO 3

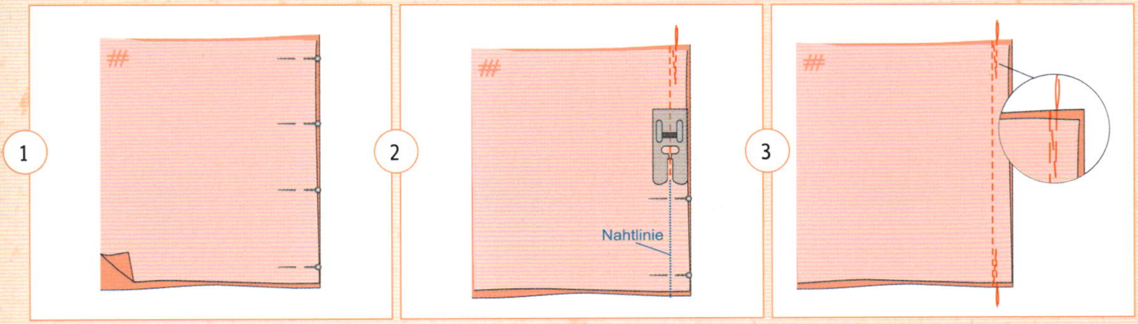

1 Zwei Stoffteile rechts auf rechts legen und mit Stecknadeln fixieren. **2** Die Stofflagen entlang der Nahtlinie zusammennähen. **3** Am Anfang und Ende der Naht jeweils einige Stiche rückwärts nähen (**verriegeln**), um die Naht zu sichern.

ECKEN NÄHEN

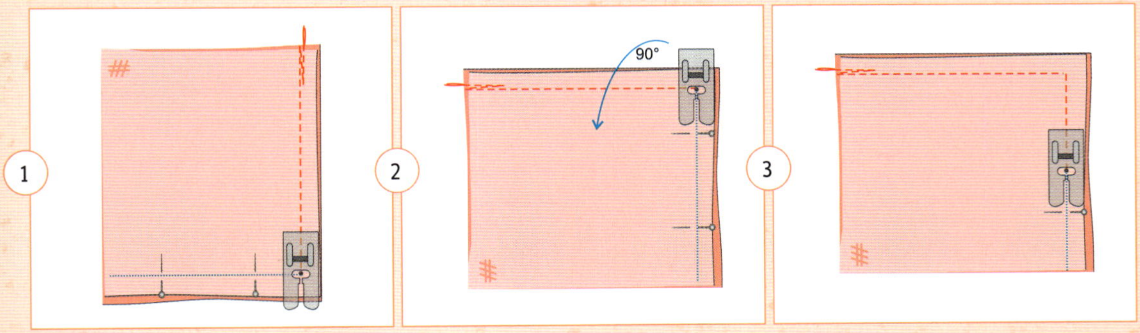

1 Genau bis auf den Eckpunkt der Nahtlinie nähen. **2** Die Nadel mit dem Handrad in den Stoff drehen, das Nähfüßchen heben und den Stoff neu ausrichten. **3** Das Nähfüßchen wieder absenken und weiternähen.

RUNDUNGEN NÄHEN

Bei engen Kurven ist es manchmal schwierig, den Stoff schnell genug mitzudrehen, um exakt auf der Nahtlinie zu bleiben. Um das zu erleichtern, können Sie die Stichlänge verkleinern, in kurzen Abständen zwischen den Stichen anhalten, die Nadel absenken, das Nähfüßchen heben und den Stoff neu auf der Nahtlinie ausrichten. Das Nähfüßchen wieder absenken und weiternähen.

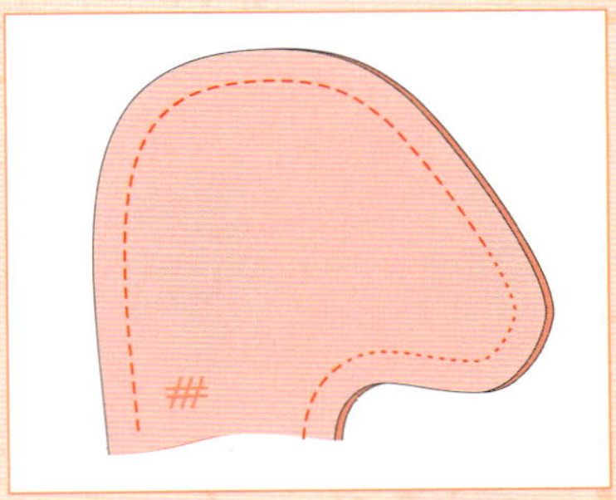

SIEHE **SPICKZETTEL**

KNAPPKANTIG UND FÜSSCHENBREIT ABSTEPPEN

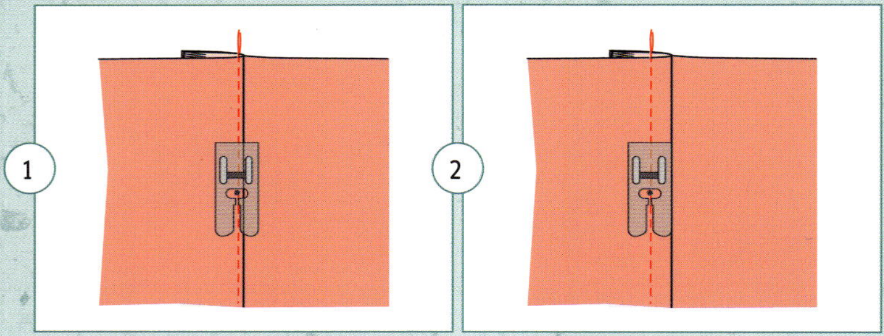

Neben einer Naht oder einer gefalteten Stoffkante die Stofflagen mit

1 ca. **2 mm (knappkantig)** oder

2 **7 mm (füßchenbreit)**

Abstand zur Naht absteppen. Diese Nähte werden entweder zur Fixierung der Stofflagen oder aus optischen Gründen angewendet.

NAHTZUGABEN EINSCHNEIDEN
▶ VIDEO 4

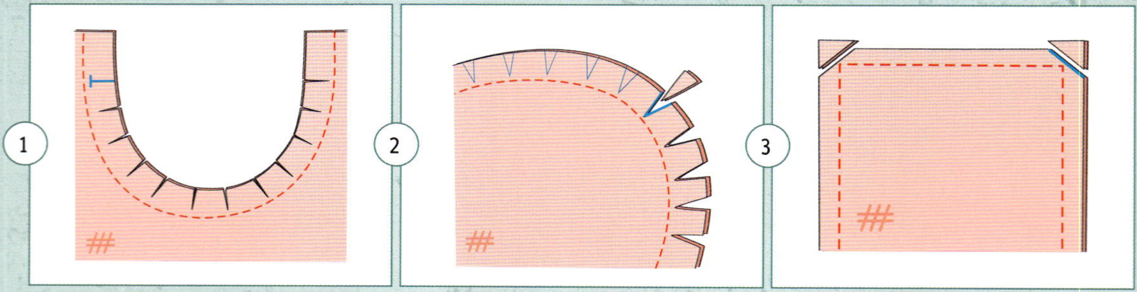

1 Bei Innenrundungen die Nahtzugaben mit geraden Schnitten mehrmals bis kurz vor die Naht einschneiden. Das Einschneiden verhindert, dass der Stoff an diesen Stellen Falten wirft oder die Naht später unsauber aussieht. **2** Bei Außenrundungen werden die Nahtzugaben V-förmig eingeschnitten. **3** An Ecken die Nahtzugaben schräg abschneiden. An spitzen Ecken schmal zu den Ecken hin verlaufend abschneiden.

NAHTZUGABEN BÜGELN

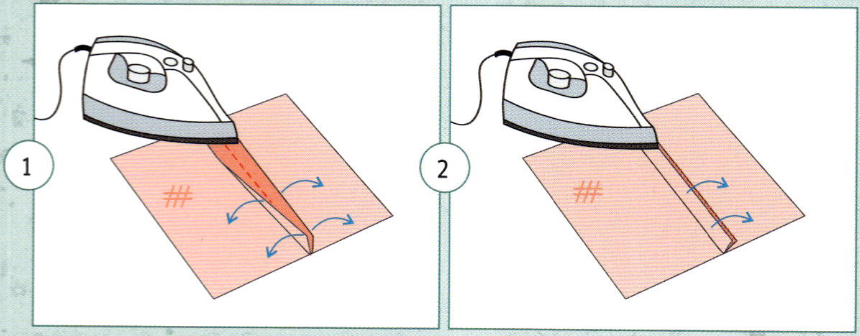

1 Die Nahtzugaben auseinander drücken und mit dem Bügeleisen darüberfahren.

2 Bei zusammen versäuberten Nahtzugaben werden diese zu einer Seite gelegt und dann gebügelt.

VERSÄUBERN

Maschenware franst nicht so sehr aus. Daher müssen die Schnittkanten nicht zwingend versäubert werden. Manchmal bietet es sich jedoch aus optischen Gründen an, zwei Nahtzugaben mit breiten Zickzackstichen zusammenzufassen.

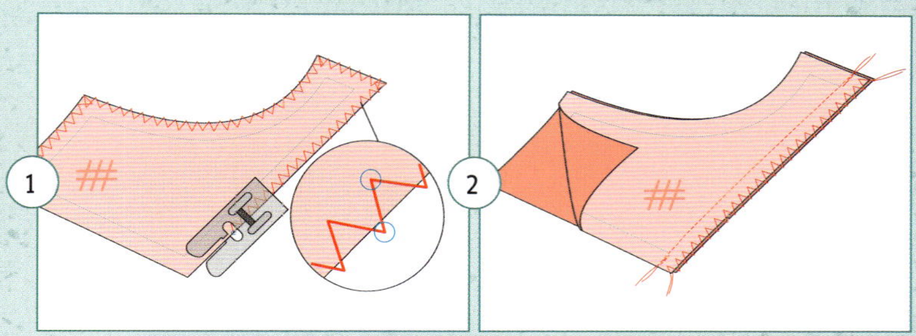

WENDEÖFFNUNG MIT DEM MATRATZENSTICH SCHLIESSEN

▶ VIDEO 5

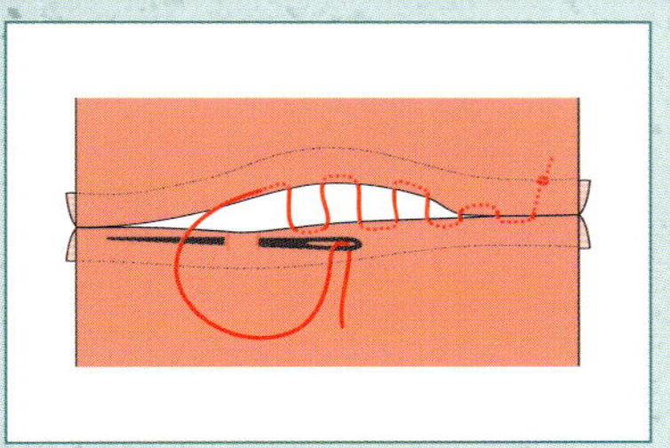

Einen Faden in eine Handnähnadel fädeln und das längere Fadenende verknoten. Die Nahtzugaben an der Wendeöffnung nach links falten. Um den Knoten zu verstecken, die Handnadel mit Faden an einem Ende der Öffnung von der Stoffinnenseite nach außen führen. **Abwechselnd auf beiden Seiten der Nahtzugaben einstechen**, dabei bei dem Seitenwechsel immer genau auf der gleichen Höhe wieder einstechen. Am Ende der Öffnung den Faden vernähen.

APPLIKATION

1 Neben einem Stoffrest für die Applikation wird doppelseitig klebendes Bügelvlies (Vliesofix) benötigt. Das Motiv auf das Trägerpapier des Bügelvlieses übertragen. (Beim Applizieren von Buchstaben oder Zahlen muss das Motiv spiegelverkehrt auf das Papier!) Danach das Vlies auf die linke Stoffseite des Jerseys bügeln. **2** Das Motiv mit dem aufgebügelten Vlies ausschneiden, dann das Trägerpapier abziehen. Das Motiv mit der Klebeschicht auf die rechte Seite des Modellteiles stecken und festbügeln. Anschließend mit dem Geradstich oder einem Zickzackstich festnähen.

SIEHE **SPICKZETTEL**

EINFASSEN MIT OFFENER UNTERSEITE
▶ VIDEO 6

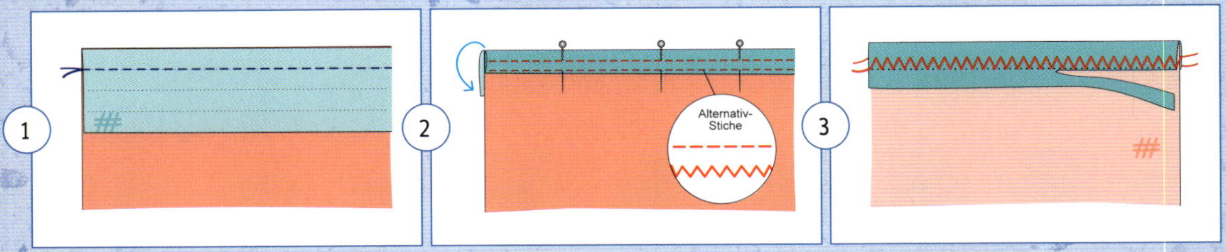

1 Den Streifen rechts auf rechts an die einzufassende Kante stecken und festnähen. An geraden Kanten den Streifen ungedehnt annähen. Bei Innenrundungen, wie z. B. dem Halsausschnitt, den Streifen leicht gedehnt annähen, damit sich die Rundung später schön legt. **2** Dann den Streifen um die Nahtzugabenherum zur linken Stoffseite falten. Die Einfassung auf der Nahtzugabe knappkantig festnähen (z. B. Geradstich, Zickzackstich oder Zwillingsnadel). **3** Auf der linken Seite die Streifen-Nahtzugabe vorsichtig bis knapp vor die Naht zurückschneiden.

SÄUMEN

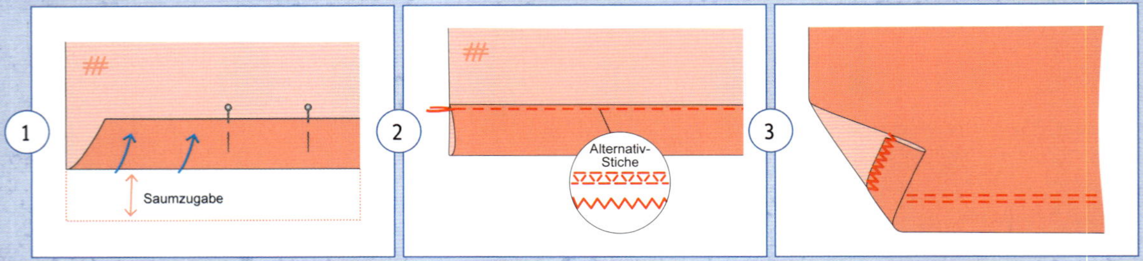

1 Die Saumzugabe nach innen schlagen und bügeln. **2** Anschließend mit einem elastischen Stich feststeppen, z. B. dem Zickzackstich oder einem elastischen Zierstich. **3** Schöne Abschlüsse erzielt man auch mit einer Zwillingsnadel.

BÜNDCHENSTREIFEN ANNÄHEN
▶ VIDEO 7

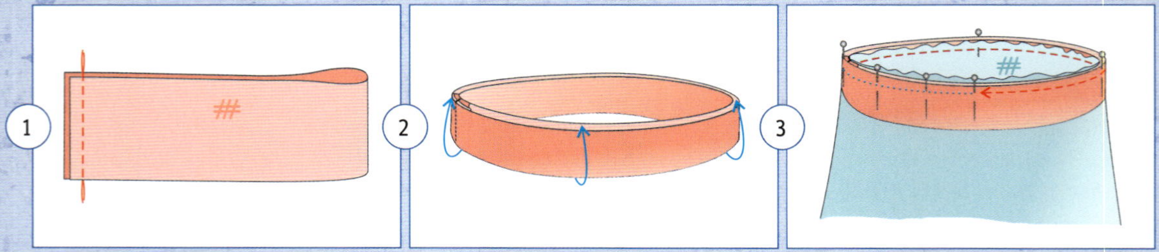

1 Den Bündchenstreifen an den Schmalseiten rechts auf rechts stecken und zusammennähen. **2** Den Streifen längs links auf links falten. **3** Anschließend den doppelten Streifen rechts auf rechts mit der offenen Kante bündig an die Schnittkante des Modells legen. Den Streifen entsprechend gedehnt feststecken und annähen. Die Nahtzugaben in das Kleidungsstück legen und bügeln.

KRÄUSELN MIT NÄHFÄDEN

VIDEO 8

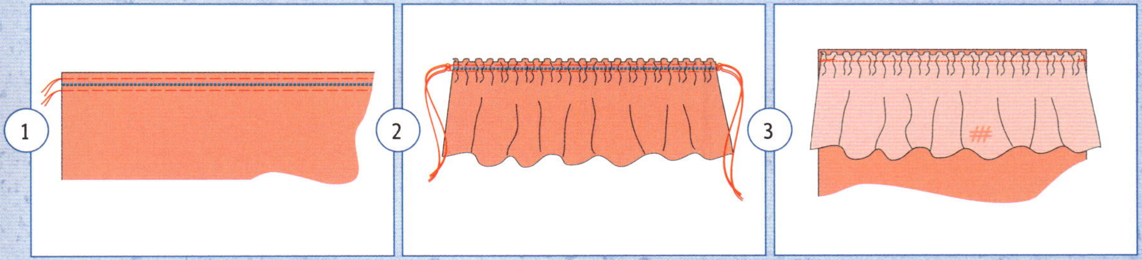

1 Entlang der zu kräuselnden Kante im Abstand von 1 cm zwei Nähte mit langen geraden Stichen nähen (4–5 mm lang). Dabei liegt eine Naht knapp oberhalb der Nahtlinie, die zweite Naht darunter. Die Anfangs- und Endfäden lang lassen. **2** Den Stoff entlang der Unterfäden auf die gewünschte Länge zusammenschieben. Die Fadenenden miteinander verknoten. **3** Nach dem weiteren Verarbeiten des gekräuselten Teils werden die Kräuselfäden wieder entfernt.

GUMMIBAND-BUND

VIDEO 9

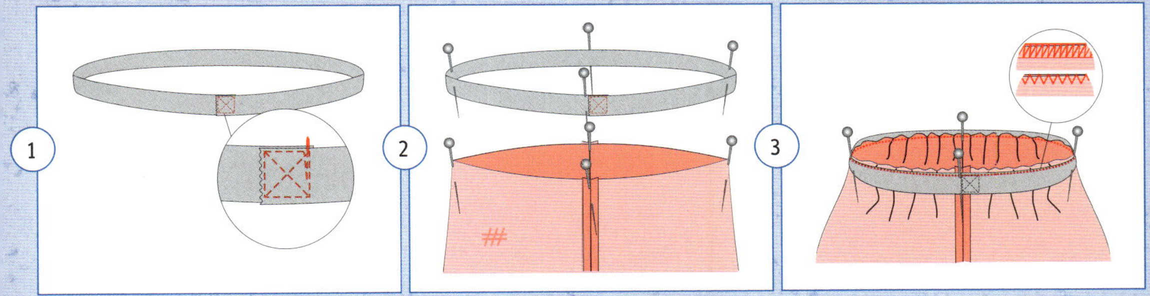

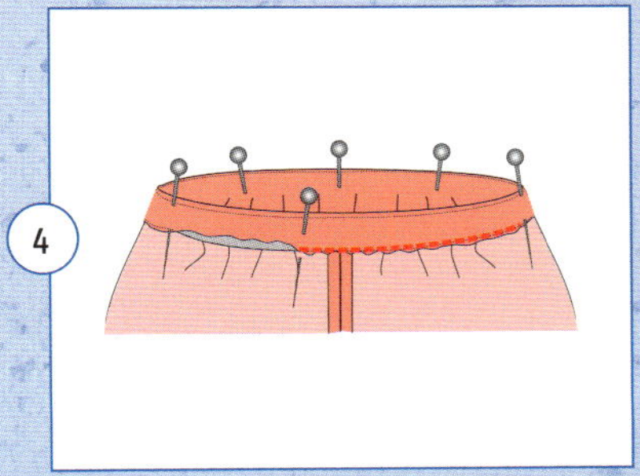

1 Das Gummi 1 cm breit überlappend zum Ring legen und mit einem durchkreuzten Rechteck (oder breiten Zickzackstichen) zusammennähen. **2** Den Gummibandring sowie die Taillenkante in vier gleichgroße Abschnitte einteilen. **3** Gummibandring auf der linken Stoffseite bündig mit der Taillenkante so feststecken, dass die Viertelmarkierungen aufeinandertreffen. Gummiband mit einem elastischen Stich schmalkantig neben der Schnittkante festnähen, dabei das Gummiband so dehnen, dass der Stoff stets glatt liegt. **4** Die Taillenkante inkl. Gummiband nach links umschlagen und feststecken (für die Verteilung der Weite wieder an den Viertelabschnitten orientieren), dann den Umschlag – wiederum in gedehntem Zustand auf die Hose steppen. Dafür eignen sich alle Stiche, da auf dem gedehnten Gummi genäht wird.

MODELLE

LATZHOSE

volle Bewegungsfreiheit!

●●●

GRÖSSE

56–86

MATERIAL

- Jersey in Hellblau mit weißen Tupfen, 140 cm x 55 cm
- Vlieseinlage H 200, 15 cm x 5 cm
- 2 Jersey-Druckknöpfe in Weiß, ø 10 mm
- Gummiband, 2 cm breit, ca. 40 cm lang
- farblich passendes Nähgarn

SCHNITTMUSTERBOGEN A

Hilfreiche Grundlagen auch als Online-Videos!

NAHTZUGABEN

An den unteren Beinkanten 3 cm für die Gummiband-Säume zugeben, alle übrigen Kanten mit 1 cm Nahtzugabe zuschneiden.

ZUSCHNITT

JERSEY:

- 2x Schnittteil „vorderes Oberteil“ im Stoffbruch
- 2x Schnittteil „rückwärtiges Oberteil“ im Stoffbruch
- 1x Schnittteil „vorderes Hosenteil“ im Stoffbruch
- 1x Schnittteil „rückwärtiges Hosenteil“ im Stoffbruch

VLIESEINLAGE:

- 4x Kreis mit ø 2 cm

GUMMIBAND:

- 2x (Länge der unteren Hosenbeinkante x 0,8 + 2 cm)

1 Bei vorderem sowie rückwärtigem Hosenteil jeweils die obere Kante innerhalb der Markierung auf die Weite der entsprechenden Strecken in den zugehörigen Oberteilen kräuseln (> Seite 17). Die Vlies-Verstärkungen laut Schnittmarkierung auf die linken Seiten der Oberteile bügeln.

2 Das vordere Oberteil rechts auf rechts auf das vordere Hosenteil stecken und festnähen. Die Teile auseinanderfalten und die Nahtzugaben in das Oberteil bügeln. Auf gleiche Weise die rückwärtigen Teile zusammennähen.

3 Vorder- und Rückteil rechts auf rechts legen und die Seitennähte jeweils vom Armausschnitt bis zum Saum in einem Zug schließen. Latzhose auf rechts wenden. Für den Beleg die übrigen Oberteile rechts auf rechts legen und an den Seiten zusammennähen.

1

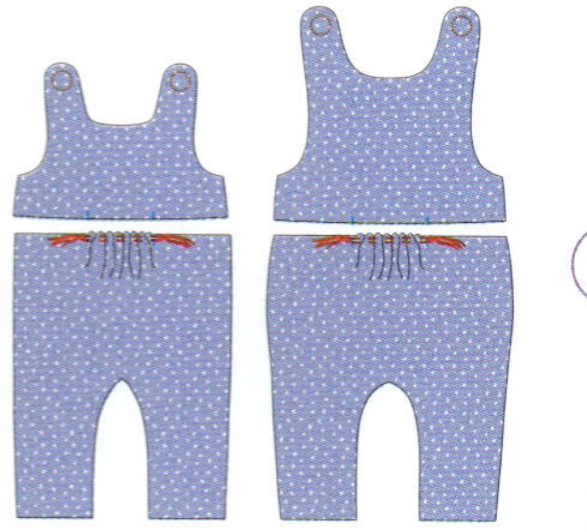

2

3

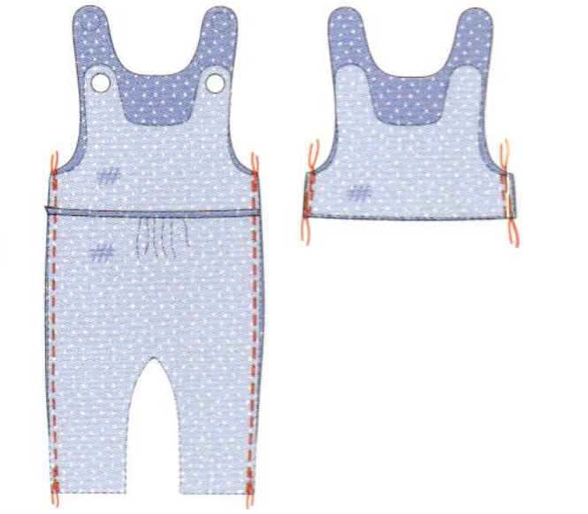

TIPP

Als Beinabschluss können Sie auch Bündchen annähen. Wie das geht, wird in der Anleitung zur Hose auf Seite 56 erklärt. Kürzen Sie dafür das Schnittmuster an den Beinen um die Bündchenhöhe.

4 Den Beleg auf rechts wenden, dann rechts auf rechts, kantenbündig mit den Oberteilen, an die Latzhose stecken. Ausschnitt- und Trägerkanten rundum zusammennähen.

5 Die Nahtzugaben an den Rundungen V-förmig einknipsen. Den Beleg nach innen wenden und die Nähte im Nahtbruch flach bügeln. Die untere Belegkante mit einigen Handstichen in den Nahtzugaben der Seitennähte fixieren.

6 Die unteren Hosenbeinkanten einmal 1 cm und nochmals 2 cm nach links schlagen, bügeln, dann den Umschlag knappkantig festnähen. Ein Gummiband mit Hilfe einer an einem Ende befestigten Sicherheitsnadel durch den Tunnel schieben und an beiden offenen Kanten innerhalb der Nahtzugaben festnähen.

7 Die Hose an den inneren Beinkanten rechts auf rechts bündig stecken und diese dann in einem Zug schließen.

8 Die Druckknöpfe gemäß Schnittmuster an den Schulterstücken anbringen – die Druckknopf-Oberteile am Rückteil und die Druckknopf-Unterteile am Vorderteil.

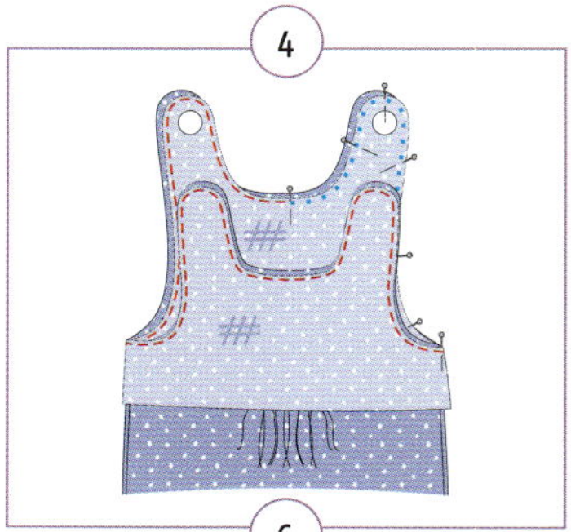

TIPP Etwas wärmer und robuster wird die Latzhose mit Sweatshirt-Stoff. Wenn Sie die Belegteile trotzdem aus Jersey arbeiten, trägt der Stoff am Oberteil nicht so dick auf.

BEISSRING WAL

da staunt die Zahnfee

GRÖSSE

ca. 20 cm x 10 cm

MATERIAL

- Füllwatte, waschbar
- Stickgarn in Schwarz
- spitze Sticknadel
- Vlieseinlage zum Aufbügeln (z. B. H 200), 3 cm x 2 cm
- Beißring aus Holz, ø 7,2 cm
- 2 Jersey-Druckknöpfe und Werkzeug
- Hosenträger-Clip, 18 mm breit
- farblich passendes Nähgarn

STOFF 1:

- Jersey in Grau mit weißen Tupfen, 50 cm x 15 cm

STOFF 2:

- Jersey in Petrol, 65 cm x 10 cm

SCHNITTMUSTERBOGEN B

NAHTZUGABEN

Das Schnittteil mit 1 cm Nahtzugabe zuschneiden. Die Maße enthalten bereits 1 cm Nahtzugaben.

ZUSCHNITT

STOFF 1:

- 1x Schnittteil „Wal" in doppelter Stofflage

STOFF 2:

- 2 Streifen, 15 cm x 4,5 cm (Befestigungsbänder)
- 1 Streifen, 30 cm x 5,5 cm (Clip-Band)

VLIESEINLAGE:

- 2 Stücke, 1 cm x 1 cm

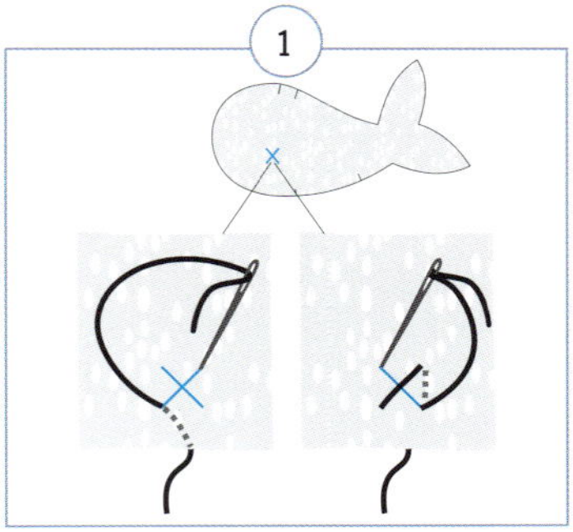

1 Die Vlieseinlage jeweils im Bereich der Augenkreuze auf die linken Stoffseiten bügeln. Die Augen von rechts mit einem Kreuzstich auf beide Wal-Teile sticken. Für ein Augenkreuz an einem Ende einer Diagonalen von unten durch den Stoff nach oben stechen, ein ca. 10 cm langes Fadenstück auf der Stoffunterseite hängen lassen, am anderen Ende der Diagonalen von oben nach unten wieder einstechen. Den Vorgang an der zweiten Diagonale wiederholen. Anfangs- und Endfaden auf der Stoffunterseite miteinander verknoten.

2 Alle Streifen-Teile der Länge nach mittig rechts auf rechts falten und jeweils die langen Kanten zusammennähen. Die Streifen mit Hilfe einer Sicherheitsnadel wenden. An jeweils einer kurzen Kante der kurzen Bänder sowie an beiden kurzen Kanten des langen Bandes die Nahtzugaben nach innen schieben und die Öffnung mit Matratzenstichen schließen oder knappkantig zunähen.

3 Die Wal-Teile rechts auf rechts legen, die 15 cm langen Befestigungsbänder im Bereich der Markierung zwischen die Stofflagen schieben, mit den offenen Kanten bündig zu den Nahtzugaben der Wal-Teile. Den Wal rundherum zusammennähen, dabei die Bänder mitfassen, die Wendeöffnung auslassen. Die Nahtzugaben an den Spitzen schmal abschneiden, zwischen den Flossen und an den Rundungen V-förmig einknipsen (> Seite 14).

4 Den Wal wenden und mit Watte ausfüllen. Die Nahtzugaben an der Öffnung nach innen schieben. Die Öffnung mit Matratzenstichen (> Seite 15) schließen.

5 Den Wal mit den Bändern an den Beißring knoten.

6 Beim Clip-Band an beiden Enden die Druckknöpfe befestigen. Je ein Druckeroberteil auf der Oberseite mit 1 cm Abstand zum Bandende anbringen. Dann auf der Unterseite die Druckerunterteile mit 5 cm (Clip) bzw. 8 cm (Beißring) Abstand zum Bandende einsetzen. Clip-Band am Beißring befestigen.

TIPP

Nähen Sie den Wal gleich doppelt – dann können Sie ihn zum Waschen auswechseln, ohne dass währenddessen auf das Spielzeug verzichtet werden muss.

TIPP Sie können auch eine Quietsche oder Rassel in den Wal einarbeiten.

2

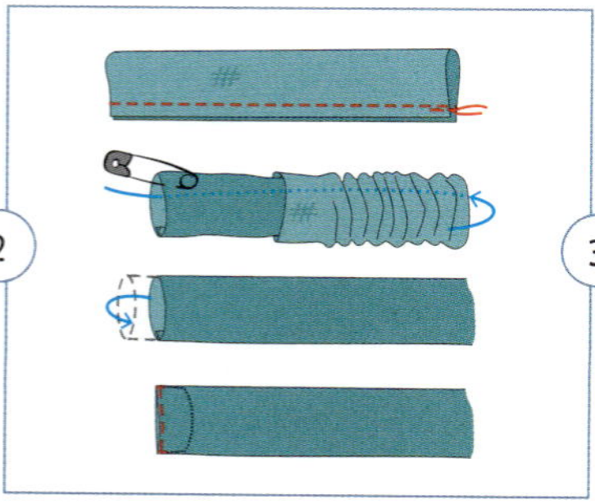

3

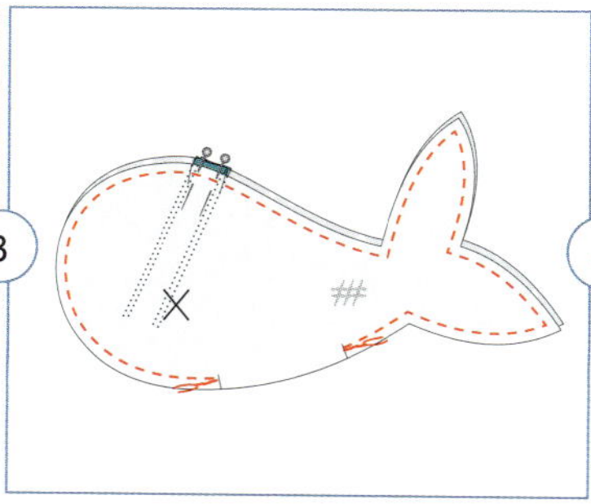

4

SHIRT
für sommerliche Tage

●●●

GRÖSSE
56–86

MATERIAL

SHIRT MIT KURZEM ÄRMEL

- Stoff 1: Jersey in Rosa, 120 cm x 40 cm
- farblich passendes Nähgarn

SHIRT MIT LANGEM ÄRMEL (SIEHE FOTO SEITE 57)

- Stoff 1: Jersey in Weiß mit Bären, 120 cm x 40 cm
- Stoff 2: Jersey in Braun, 30 cm x 8 cm
- farblich passendes Nähgarn

SCHNITTMUSTERBOGEN A

NAHTZUGABEN
An den unteren Ärmelkanten sowie an den unteren Kanten von Vorder- und Rückteil jeweils 2,5 cm für die Säume zugeben. Alle übrigen Kanten mit 1 cm Nahtzugabe zuschneiden. Die Maße für die Bündchen beinhalten bereits 1 cm Nahtzugabe.

Hilfreiche Grundlagen auch als Online-Videos!

ZUSCHNITT

STOFF 1:

- 1x Schnittteil „Vorderteil" im Stoffbruch
- 1x Schnittteil „Rückteil" im Stoffbruch
- 1x Schnittteil „Ärmel" in doppelter Stofflage

NUR SHIRT MIT KURZEM ÄRMEL:

- 1x Halsbündchen Vorderteil (Ausschnittlänge x 0,75 cm) x 4 cm
- 1x Halsbündchen Rückteil (Ausschnittlänge x 0,75 cm) x 4 cm

STOFF 2:
NUR SHIRT MIT LANGEM ÄRMEL:

- 1x Halsbündchen Vorderteil (Ausschnittlänge x 0,75 cm) x 4 cm
- 1x Halsbündchen Rückteil (Ausschnittlänge x 0,75 cm) x 4 cm

1 Die Halsbündchen an die Ausschnittkanten von Vorder- und Rückteil nähen (> Seite 16, ab Punkt 2). Nahtzugaben jeweils in das Shirt-Teil legen und von rechts knappkantig absteppen.

2 Das Rückteil mit dem Halsausschnitt links auf rechts überlappend auf den Halsausschnitt des Vorderteils legen. Die Markierungen aus dem Schnittmuster treffen dabei aufeinander. Die Stofflagen im Bereich der Armausschnitte innerhalb der Nahtzugaben heften.

3 Die Ärmel mit den Armkugeln rechts auf rechts in die Armausschnitte stecken – Markierungen aus dem Schnittmuster treffen aufeinander. Ärmel von der Ärmelseite aus festnähen.

4 Vorder- und Rückteil rechts auf rechts legen und die Ärmel in Längsrichtung rechts auf rechts falten, sodass die Ärmel- sowie die Seitenkanten jeweils aufeinanderliegen. Die Seiten- und Ärmelnähte mit einer durchgehenden Naht schließen.

5 Das Shirt anprobieren und eventuell kürzen. Den Shirt-Saum nach links schlagen und bügeln, dann mit elastischen Stichen festnähen (> Seite 16).

6 Die Säume an den Ärmeln ebenso nähen.

1

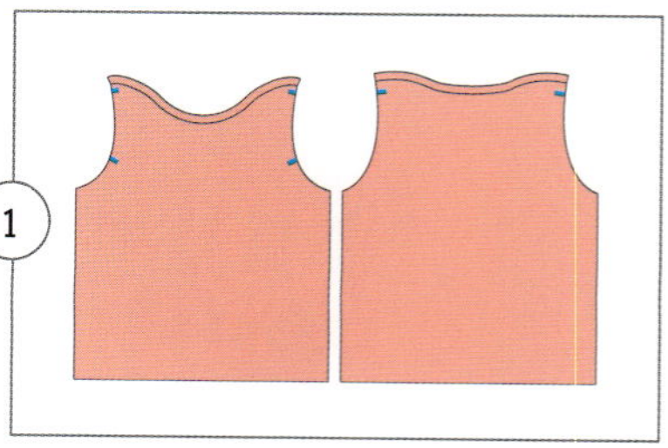

2
3
4

GIRAFFE

zum Spielen und Schmusen

GRÖSSE

ca. 18 cm x 30 cm

MATERIAL

- Stoff 1: Jersey in Rosa/Orange, 50 cm x 30 cm
- Stoff 2: Jersey in Braun, 30 cm x 10 cm
- farblich passendes Nähgarn
- Füllwatte, waschbar
- Rassel, ø 3,5 cm, 1 cm hoch

SCHNITTMUSTERBOGEN B

NAHTZUGABEN

Die Maße der Streifen beinhalten 1 cm Nahtzugaben, am Schnittteil 1 cm Nahtzugabe zugeben.

ZUSCHNITT

STOFF 1:

- 1x Schnittteil „Giraffe" in doppelter Stofflage

STOFF 2:

- 11 Streifen, 8 cm x 2 cm (Mähne)
- 1 Streifen, 10 cm x 2 cm (Schwanz)

Hilfreiche Grundlagen auch als Online-Videos!

1 Die 8 cm langen Streifen leicht in die Länge ziehen, sodass sich die Kanten einrollen. Dann die Streifen zu Schlaufen legen und im Bereich der Markierung für die Mähne auf ein Giraffenteil stecken. Den 10 cm langen Streifen als Schwanz feststecken. Die Schlaufen sowie der Schwanz zeigen nach innen, die kurzen Kanten liegen bündig zur Schnittkante des Giraffenteils.

2 Mähnenschlaufen und Schwanz mit Heftstichen innerhalb der Nahtzugabe anheften, um sie vor dem Verrutschen zu sichern.

3 Das zweite Giraffenteil rechts auf rechts obenauf legen. Die Lagen mit Stecknadeln fixieren, dann rundherum zusammennähen, die Wendeöffnung dabei auslassen. Die Nahtzugaben an den Rundungen V-förmig einknipsen (> Seite 14).

4 Die Giraffe wenden und mit Watte ausfüllen. Die Rassel zwischen die Watte schieben, so dass sie rundum abgepolstert ist. Die Nahtzugaben an der Wendeöffnung nach innen legen und die Öffnung mit Matratzenstichen (> Seite 15) schließen.

5 Das Schwanzende verknoten.

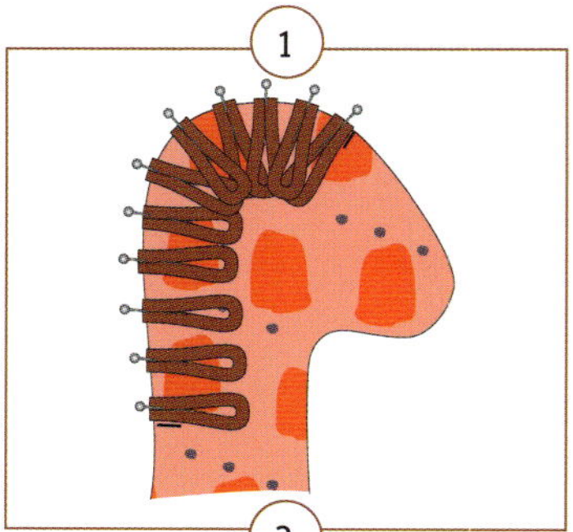

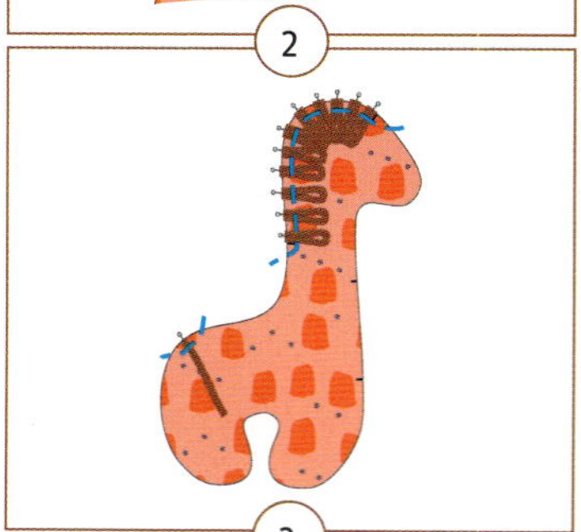

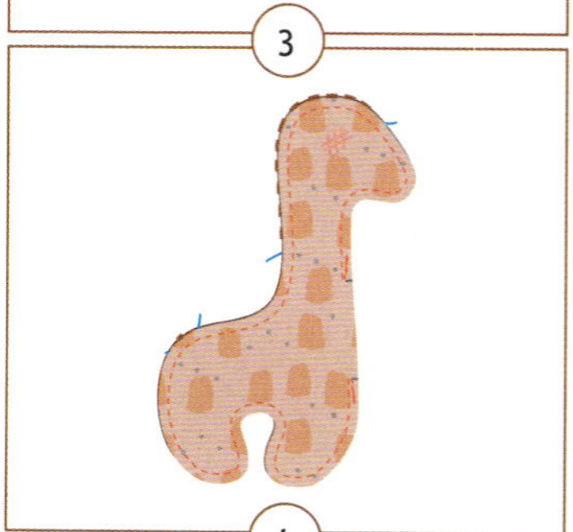

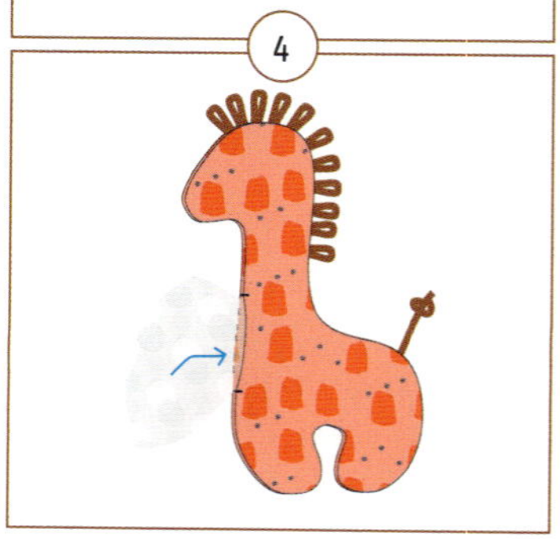

TIPP Für Mähne und Schwanz eignet sich auch Baumwollband oder -kordel.

TIPP

Anstelle einer Rassel können Sie auch eine Quietsche in die Giraffe einarbeiten. Achten Sie beim Kauf auf die passende Größe und gute Waschbarkeit.

SPIELDECKE

von hier aus die Welt erkunden

GRÖSSE

ca. 70 cm x 120 cm

MATERIAL

- Jersey in Hellgrau, 140 cm x 120 cm
- Volumenvlies, 10–15 mm stark, 150 cm x 75 cm
- farblich passendes Nähgarn

SCHNITTMUSTERBOGEN A+B

NAHTZUGABEN

Alle Teile mit 1 cm Nahtzugabe zuschneiden.

ZUSCHNITT

JERSEY:

- 1x Schnittteil „Blatt" in doppelter Stofflage

VOLUMENVLIES:

- 1x Schnittteil „Blatt"

Hilfreiche Grundlagen auch als Online-Videos!

1 Die Jersey-Blätter rechts auf rechts legen, dann auf das Blatt aus Volumenvlies stecken und die Lagen rundherum zusammennähen, die Wendeöffnung jedoch auslassen. Anschließend an den genähten Spitzen die Nahtzugaben schmal abschneiden, an den RundungenVv-förmig einknipsen (> Seite 14). Am Volumenvlies die Nahtzugabe schmal zurückschneiden.

2 Das Blatt wenden und die Kanten bügeln. Die Nahtzugaben an der Wendeöffnung nach innen legen und feststecken. Die Bruchkanten mit Matratzenstichen zusammennähen (> Seite 15) oder knappkantig zusammensteppen.

3 Die Blattadern mit einem Kreidestift (oder Trickmarker) vorzeichnen. Als Markierungshilfe können Sie sich in das Schnittmuster entlang der Blattadern mit etwas Abstand zueinander Löcher stechen, dann das Schnittmuster auflegen und durch die Löcher Punkte auf den Stoff übertragen.

4 Anschließend das Schnittmuster zur Seite legen und die Linien komplett durchzeichnen. Die Lagen mit etwas Abstand zu den Blattadern mit großen Heftstichen fixieren, damit sie später beim Nähen nicht gegeneinander verrutschen.

5 Eine große Stichlänge einstellen (5 mm) und zuerst die mittlere Blattader mit geraden Stichen nachnähen. Dann, jeweils von der mittleren Blattader ausgehen,d zu den Seiten alle weiteren Blattadern steppen.

1

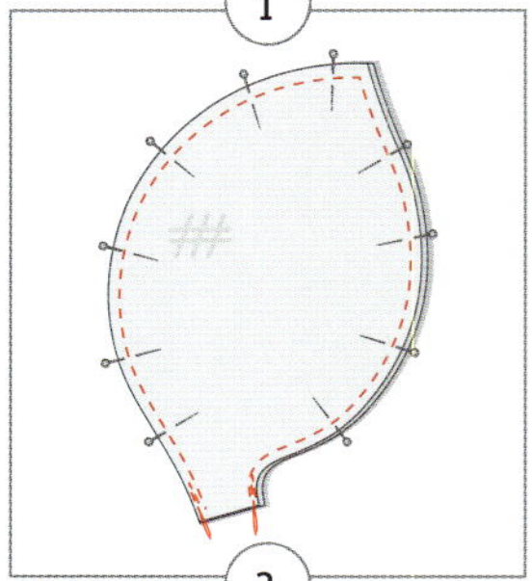

3

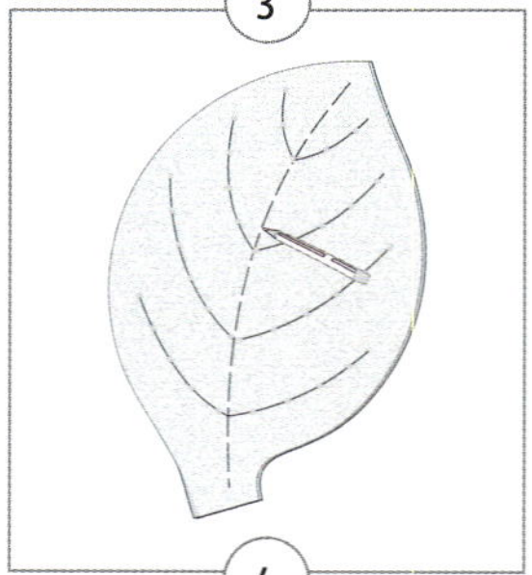

4

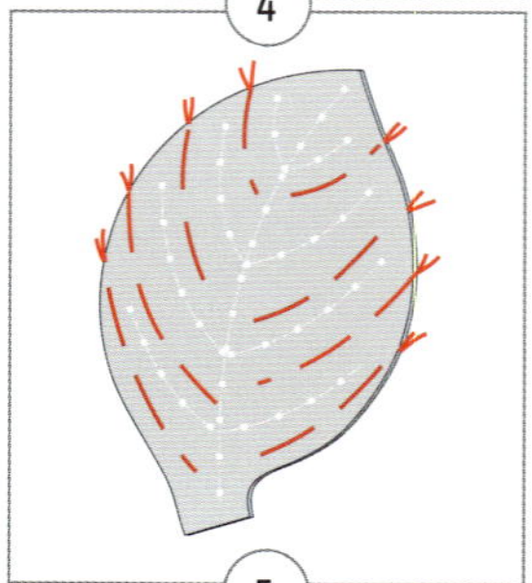

5

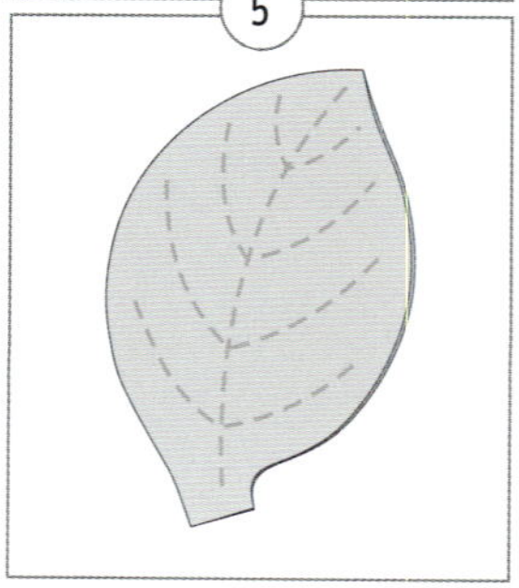

LEGGINGS

die strampeln einfach mit

GRÖSSE

56–86

MATERIAL

- Jersey in Weiß mit schwarzen Sprenkeln, 90 cm x 60 cm
- Gummiband, 2 cm breit, ca. 60 cm lang
- farblich passendes Nähgarn

SCHNITTMUSTERBOGEN B

NAHTZUGABEN

An den unteren Beinkanten 3 cm für die Säume, an den Taillenkanten 2 cm für den Gummibandumschlag zugeben. Alle übrigen Kanten mit 1 cm Nahtzugabe zuschneiden.

ZUSCHNITT

- 1x Schnittteil „Leggings“ in doppelter Stofflage
- 1x Gummilitze, 0,8 x Taillenumfang + 1 cm Nahtzugaben

Hilfreiche Grundlagen auch als Online-Videos!

1 Die unteren Beinkanten 3 cm breit nach links schlagen, bügeln und mit dem Dreifach-Zickzackstich oder einer Zwillingsnadel festnähen.

2 Die Hosenbeine bündig rechts auf rechts legen und die vordere sowie die rückwärtige Schrittnaht schließen.

3 Die Schrittnähte zur Mitte ziehen, so dass die inneren Beinkanten bündig liegen. Die Stofflagen zusammennähen.

4 Das Gummiband in der entsprechenden Weite (Richtwert dafür ist Taillenumfang x 0,8) zum Ring schließen ...

5 ... und an die Taillenkante nähen (> Seite 17, Gummiband-Bund).

1+2

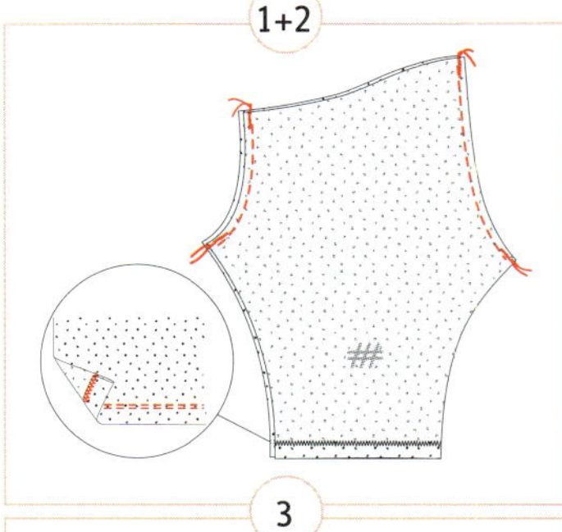

3

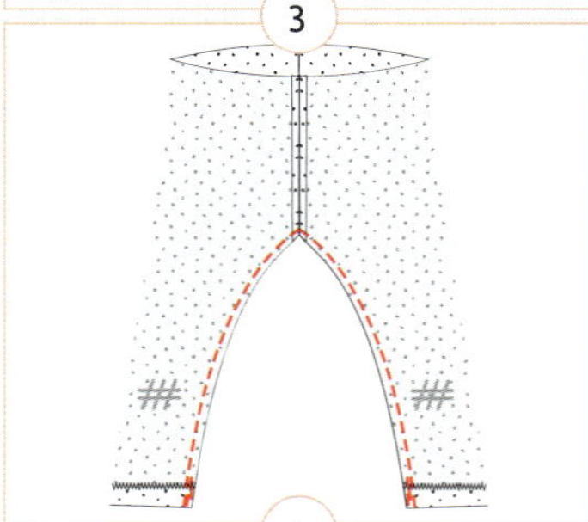

4

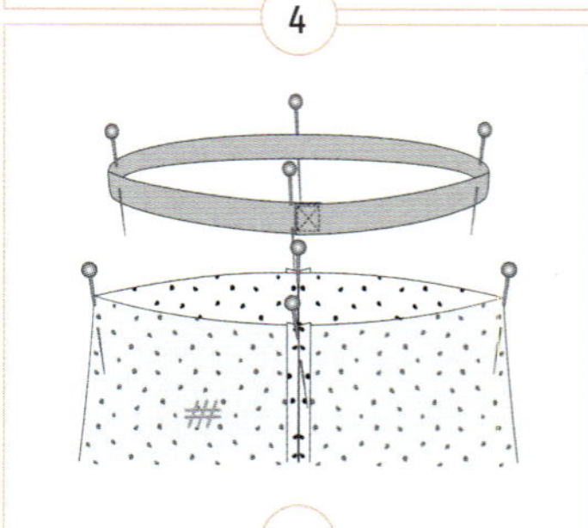

5

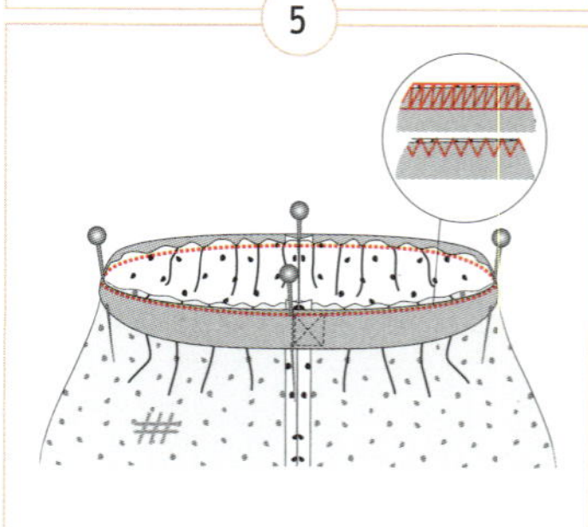

HAARBAND

es gibt immer einen Grund, sich hübsch zu machen

GRÖSSE

Kopfumfang 39–41 cm/42–44 cm/45–47 cm/48–50 cm

MATERIAL

- Jersey in Crème-Weiß, 90 cm x 20 cm
- farblich passendes Nähgarn

SCHNITTMUSTERBOGEN B

NAHTZUGABEN

Haarband mit 1 cm Nahtzugabe zuschneiden.

ZUSCHNITT

- 2x Schnittteil „Haarband“ im Stoffbruch

Hilfreiche Grundlagen auch als Online-Videos!

1 Die Haarbandteile rechts auf rechts legen, feststecken und rundum zusammennähen, dabei die Wendeöffnung auslassen. Die Nahtzugaben zurück- und einschneiden (> Seite 14).

2 Das Haarband wenden und die Kanten im Nahtbruch flach bügeln. An der Wendeöffnung die Nahtzugaben nach innen schieben und die Öffnung mit Matratzenstichen (> Seite 15) schließen.

3 Die Bandenden so miteinander verknoten, dass das Band die Weite des Kopfumfanges erhält.

1

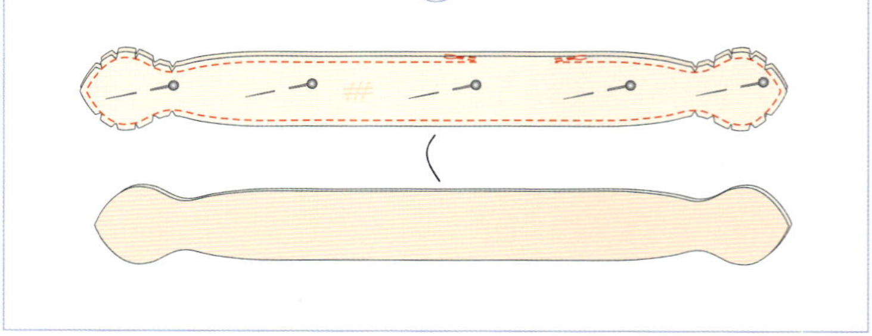

TIPP Besonders schick sieht es aus, wenn das Haarband im gleichen Stoff wie ein Teil des Outfits genäht wird, z. B. passend zum Shirt oder der Hose.

MÜTZE & HALSTUCH

ein Duo für kühlere Tage

GRÖSSE

Mütze Kopfumfang 39–41 cm/ 42–44 cm/45–47 cm/48–50 cm

Halstuch Einheitsgröße

MATERIAL

- Jersey in Petrol mit mintfarbenen Punkten, 140 cm x 50 cm
- Vlieseinlage (z. B. H 200), 12 cm x 4 cm
- 3 Jersey-Druckknöpfe in Petrol, ø 8–10 mm
- farblich passendes Nähgarn

SCHNITTMUSTERBOGEN A

NAHTZUGABEN

Mütze und Halstuch mit 1 cm Nahtzugabe an allen Kanten zuschneiden. Vliesteile ohne Nahtzugabe zuschneiden.

ZUSCHNITT

JERSEY:

- 1x Schnittteil „Mütze" in doppelter Stofflage
- 1x Schnittteil „Halstuch" in doppelter Stofflage

VLIESEINLAGE:

- 3x Schnittteil „Verstärkung"

MÜTZE

1 Die Mützenteile rechts auf rechts legen und die Seiten sowie die Knoten-Zipfel jeweils bis zum Beginn der Oberkopfnaht zusammennähen.

2 Die Lagen auseinanderziehen und so rechts auf rechts legen, dass die Nähte aufeinanderliegen. Am dadurch entstandenen oberen Bogen die offenen Kanten in einer durchgehenden Naht zusammennähen.

3 Die untere Mützenkante entsprechend der Schnittmarkierung nach links einschlagen und den Umschlag mit elastischen Stichen festnähen (> Seite 16).

4 Die Mütze wenden, die Zipfel miteinander verknoten. Den Umschlag zur Hälfte nach außen falten.

HALSTUCH

5 Im Bereich der Drucker-Positionen die Vliesverstärkungen auf die linke Seite eines Stoffteils bügeln.

6 Beide Stoffteile bündig rechts auf rechts stecken und rundherum zusammennähen, dabei die Wendeöffnung auslassen. Die Nahtzugaben zurückschneiden (> Seite 14).

7 Das Halstuch auf rechts wenden. Die Nahtzugaben an der Wendeöffnung nach innen schieben und mit Matratzenstichen (> Seite 15) schließen.

8 Die Drucker anbringen. Dabei auf die Ausrichtung der Drucker achten, damit das Halstuch rund geschlossen werden kann.

1

2

5+6

8

Hilfreiche Grundlagen
auch als Online-Videos!

KINDERWAGENKETTE

Obst wächst nicht nur auf Bäumen

GRÖSSE

Motive ca. 10 cm x 15 cm

MATERIAL

- Stoff 1: Jersey in Gelb, 50 cm x 15 cm
- Stoff 2: Jersey in Orange, 25 cm x 15 cm
- Stoff 3: Jersey in Grün, 40 cm x 20 cm
- Volumenvlies, 5 mm stark, 40 cm x 15 cm
- farblich passendes Nähgarn
- Baumwollkordel, ø 5–8 mm, 60 cm lang
- 2 Holzkugeln, ø 3 cm
- 2 Clips zum Befestigen am Kinderwagen

SCHNITTMUSTERBOGEN A

Hilfreiche Grundlagen auch als Online-Videos!

NAHTZUGABEN

Alle Teile mit 1 cm Nahtzugabe zuschneiden.

ZUSCHNITT

STOFF 1:

- 2x Schnittteil „Zitrone" in doppelter Stofflage

STOFF 2:

- 1x Schnittteil „Orange" in doppelter Stofflage

STOFF 3:

- 3x Schnittteil „Blatt" in doppelter Stofflage

VOLUMENVLIES:

- 2x Schnittteil „Zitrone"
- 1x Schnittteil „Orange"

1 Jeweils zwei Frucht-Teile rechts auf rechts legen, dann auf das Volumenvlies-Teil stecken und die Lagen zusammennähen, die Wendeöffnung auslassen.

2 Die Nahtzugaben an den Spitzen der Zitronen schmal abschneiden und rundum bei allen Früchten V-förmig einschneiden (> Seite 14). Die Vlieseinlage direkt neben der Naht schmal abschneiden. Anschließend die Früchte wenden und bügeln. Die Nahtzugaben an den Öffnungen nach innen schieben und mit Matratzenstichen (> Seite 15) schließen.

3 Für die Blätter jeweils zwei Stoffteile rechts auf rechts legen und zusammennähen, die kurze gerade Kante als Wendeöffnung auslassen. Die Nahtzugaben zurück- und einschneiden. Die Blätter wenden und bügeln. Die Nahtzugaben an der offenen Kante nach innen schieben und schließen.

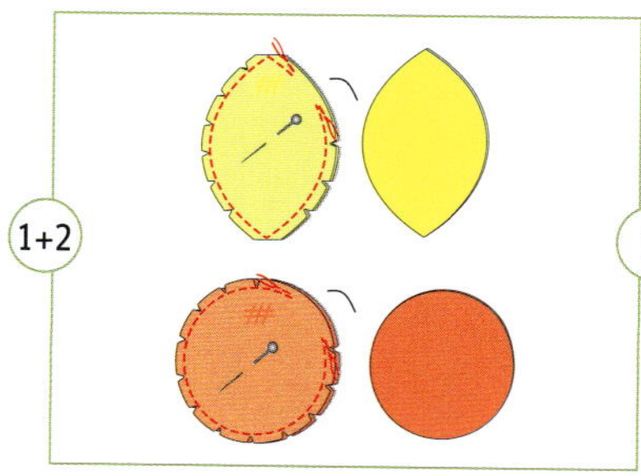

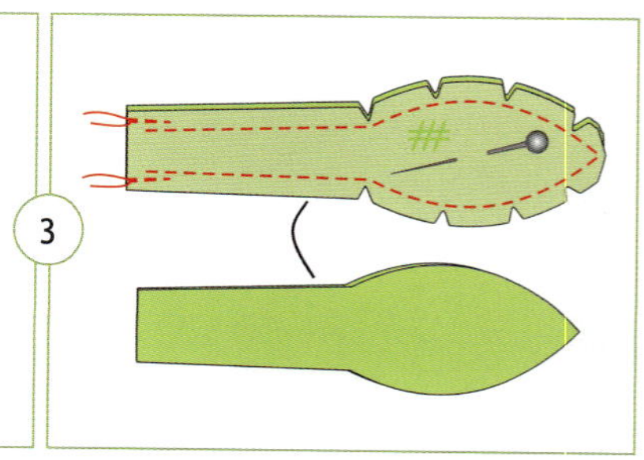

4+5

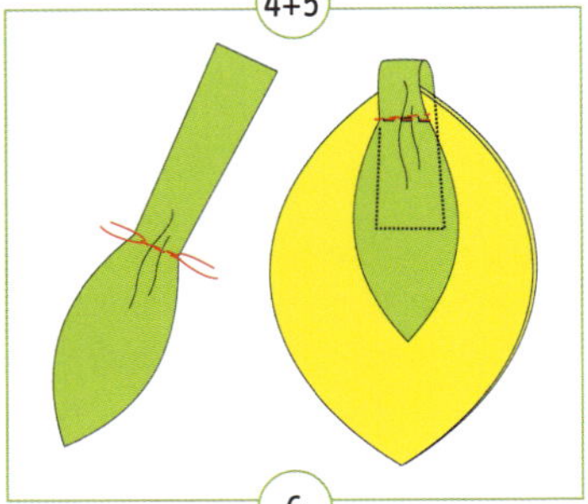

6

4 Bei den Blättern am Stielansatz eine kleine Falte legen und diese mit einigen Handstichen oder wenigen geraden Stichen der Nähmaschine fixieren.

5 Die Blattstiele falten und jeweils eine Frucht bis zur Bruchkante einschieben. Im Bereich der Falte die Teile zusammennähen, dabei die Stiel-Rückseite mitfassen.

6 Auf die Kordel im Wechsel eine Zitrone, eine Kugel, die Orange und wieder Kugel und Zitrone fädeln, bevor die Kordelenden an beiden Clips festgeknotet werden. Die Kordel lässt sich einfacher durch die Kugeln stecken, wenn Sie ein Stück Klebeband um das Kordelende kleben.

TIPP

Sie können Zitrone und Orange zusätzlich mit Knisterfolie bestücken – dann rascheln sie beim Spielen. Dafür die Teile jeweils aus Bratenfolie zuschneiden und diese in Schritt 1 vor dem Zusammennähen auf das Volumenvlies legen. Bratenfolie ist hitzebeständig und waschbar.

SCHLAFSACK

garantiert himmlische Träume

GRÖSSE

I = ca. 50 cm x 80 cm

II = ca. 57 cm x 96 cm

MATERIAL

- Stoff 1: Jersey in Natur mit Wolken, 120 cm x 115 cm
- Stoff 2: Jersey in Natur, 120 cm x 115 cm
- Stoff 3: Jersey in Grau, 120 cm x 110 cm
- Vliesofix, 20 cm x 12 cm
- Volumenvlies, Stärke nach Wunsch, 150 cm x 100 cm
- Vlieseinlage H 200, 10 cm x 3 cm
- 2 Kunststoff-Druckknöpfe in Hellblau
- 1 Knopf, herzförmig, ø ca. 1,5 cm
- farblich passendes Nähgarn

SCHNITTMUSTERBOGEN A+B

Hilfreiche Grundlagen auch als Online-Videos!

NAHTZUGABEN

Alle Teile mit 1 cm Nahtzugabe zuschneiden.

ZUSCHNITT

STOFF I, STOFF 2 UND VOLUMENVLIES:

- 1x Schnittteil „Vorderteil" im Stoffbruch
- 1x Schnittteil „Rückteil" im Stoffbruch

VLIESEINLAGE:

- 4x Kreis mit ø 2 cm

1 Die Verstärkung für die Drucker gemäß Schnittmuster auf die linken Seiten der Teile aus Stoff 2 bügeln.

2 Die Teile aus Stoff 1 auf das entsprechende Vliesteil stecken und rundherum in der Nahtzugabe mit Zickzackstichen festnähen.

3 Die Wolkenapplikation in Stoff 3 vorbereiten und auf der rechten Seite des Vorderteils mittig mit 7 cm Abstand zur oberen Kante applizieren (> Seite 15).

2

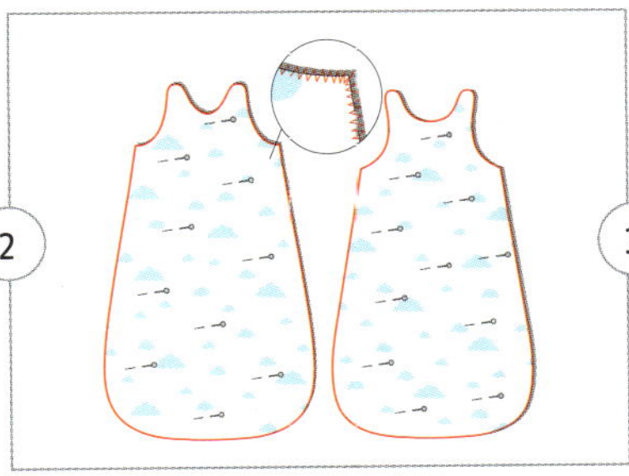

3

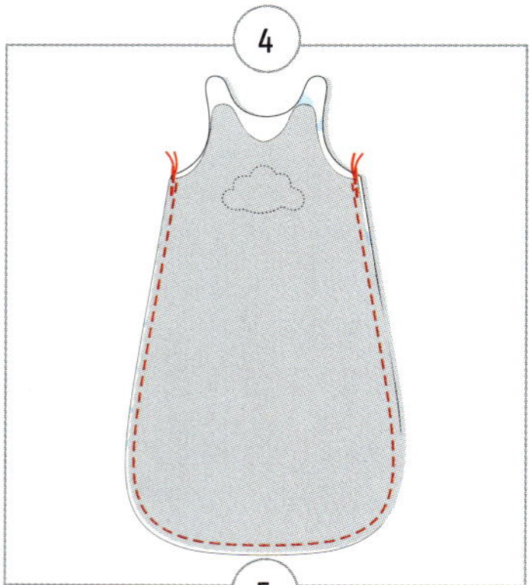

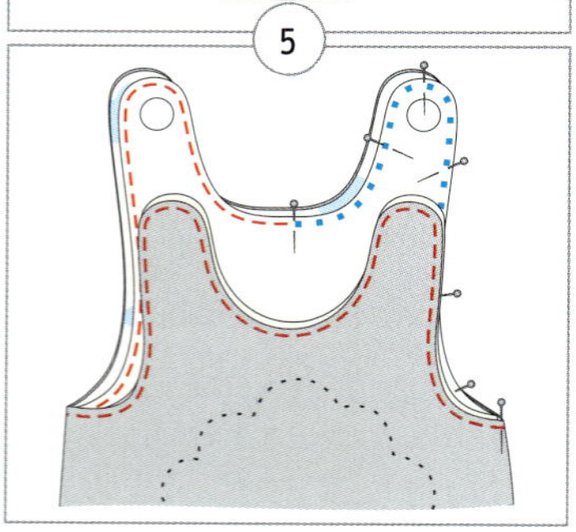

4 Jeweils die vorderen und rückwärtigen Schlafsackteile aus Stoff 1 bzw. Stoff 2 rechts auf rechts legen und den Sack ab und bis Armausschnitt zusammennähen. Bei dem Innenschlafsack aus Stoff 2 in der unteren Mitte eine Wendeöffnung von 10 cm Breite auslassen.

5 Den Innenschlafsack auf rechts wenden. Die Schlafsäcke rechts auf rechts ineinanderschieben und die Hals- und Armausschnittkanten rundherum zusammennähen. Die Nahtzugaben an den Rundungen V-förmig einknipsen (> Seite 14).

6 Den Schlafsack durch die Wendeöffnung auf rechts wenden. Die Nahtzugaben an der Öffnung nach innen schieben und knappkantig oder mit Matratzenstichen zunähen (> Seite 15). Innensack links auf links in den Außensack schieben. Ausschnittkanten flach bügeln.

7 Die Drucker gemäß Schnittmuster an den Schulterstücken anbringen – die Oberteile am Rückteil und die Unterteile am Vorderteil.

8 Den Zierknopf in der vorderen Mitte, ca. 1 cm unterhalb der Ausschnittkante aufnähen.

TIPP Je nachdem, welche Stärke Sie für das Volumenvlies wählen, eignet sich der Schlafsack eher für das Sommer- oder das Winterhalbjahr. Besonders wärmend und kuschelig ist Wollvlies.

WICKELJACKE

von Sternen umgeben

GRÖSSE
56–86

MATERIAL
- Stoff 1: Jersey in Grau mit Sternchen, 130 cm x 35 cm
- Stoff 2: Jersey in Hellgrau, 90 cm x 10 cm
- Vlieseline G 700, 6 cm x 3 cm
- 2 Jersey-Druckknöpfe in Beige, ø 8–10 mm
- farblich passendes Nähgarn

SCHNITTMUSTERBOGEN A

NAHTZUGABEN
Die Maße der Streifen beinhalten 1 cm Nahtzugabe. Alle übrigen Teile mit 1 cm Nahtzugabe zuschneiden.

Hilfreiche Grundlagen auch als Online-Videos!

ZUSCHNITT

STOFF 1:
- 1x Schnittteil „Wickeljacke" im Stoffbruch
- 1x Schnittteil „Ärmel" in doppelter Stofflage

STOFF 2:
- 2x Ärmel-Einfassstreifen: (Länge der Ärmelunterkante x 0,8) x 3,5 cm
- 2x Jacken-Einfassstreifen: (Länge der Jackenkante ab rückwärtige Mitte unten bis rückwärtige Mitte oben x 0,8) x 3,5 cm

VLIESELINE:
- 2x Kreis mit ø 2 cm

1 Die unteren Ärmelkanten einfassen (> Seite 16, Einfassen mit offener Unterseite). Ärmel längs rechts auf rechts falten, die langen Kanten bündig legen und zusammennähen.

2 Ärmel wenden und rechts auf rechts an die Armausschnitte stecken, dabei trifft die Ärmelnaht auf das Passzeichen. Die Ärmel einnähen.

3 Die Jacken-Einfassstreifen zunächst an einer kurzen Kante zusammennähen. Dann die Jacke rundherum einfassen, dabei die Streifennaht an der oberen rückwärtigen Mitte positionieren und den Streifen, von dort ausgehend, leicht gedehnt anstecken. Die kurzen Streifenkanten an der unteren rückwärtigen Mitte passend aneinanderstecken, ggf. kürzen und zusammennähen. Dann den Streifen annähen (> Seite 16, Einfassen mit offener Unterseite).

4 Die Vorderteile dort, wo die Drucker im Teil liegen, auf der linken Stoffseite mit Vlieseinlage verstärken. Die Drucker zeichengemäß an den Einfasskanten sowie den Vorderteilen befestigen, dabei im obenauf liegenden Vorderteil die Oberteile auf der rechten Stoffseite platzieren, im unten liegenden Vorderteil die Unterteile.

1

2

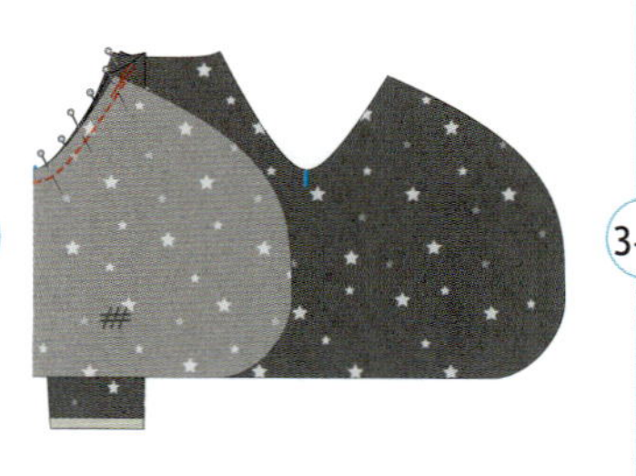

3+4

OVERALL

kuschelige Wärme im süßen Outfit

GRÖSSE

56–86

MATERIAL

- Stoff 1: Fleece in Grau, 140 cm x 85 cm
- Stoff 2: Bündchenware in Natur, 90 cm x 15 cm
- Baumwollkordel in Grau, ø 5 mm, 80 cm lang
- farblich passendes Nähgarn

SCHNITTMUSTERBOGEN B

NAHTZUGABEN

Alle Teile mit 1 cm Nahtzugabe zuschneiden.

Hilfreiche Grundlagen auch als Online-Videos!

ZUSCHNITT

STOFF 1:

- 1x Schnittteil „Vorderteil" in doppelter Stofflage
- 1x Schnittteil „Rückteil" in doppelter Stofflage
- 1x Schnittteil „Ärmel" in doppelter Stofflage
- 1x Schnittteil „Kapuze Seitenteil" in doppelter Stofflage
- 1x Schnittteil „Kapuze Mittelstück"
- 1x Schnittteil „Beleg Vorderteil" in doppelter Stofflage
- 1x Schnittteil „Beleg Kapuze" im Stoffbruch

STOFF 2:

- 2x Schnittteil „Ärmelbündchen"
- 2x Schnittteil „Beinbündchen"

1

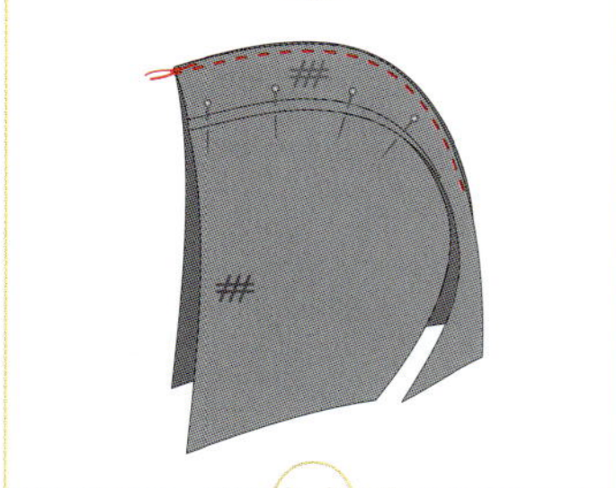

2+3

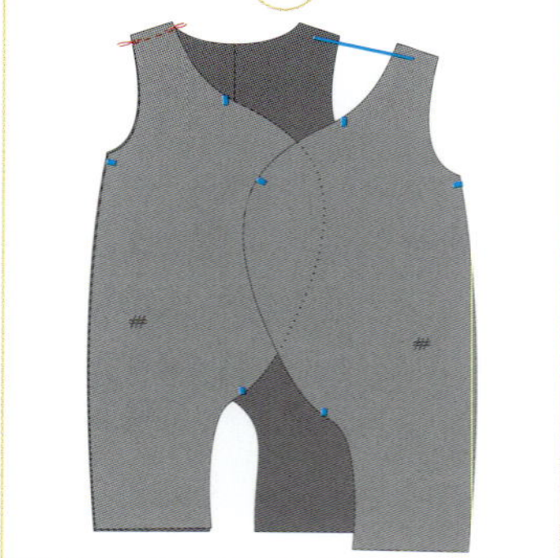

1 Das mittlere Kapuzenstück entlang der oberen/rückwärtigen Kopfrundung rechts auf rechts zwischen die seitlichen Kapuzenteile nähen.

2 Die Rückteile des Overalls bündig rechts auf rechts legen und die rückwärtige Mitte inkl. Schrittnaht schließen.

3 Die Rückteile auffalten. Die Vorderteile mit den Schulterkanten bündig rechts auf rechts auf das Rückteil stecken und die Schulternähte schließen.

5

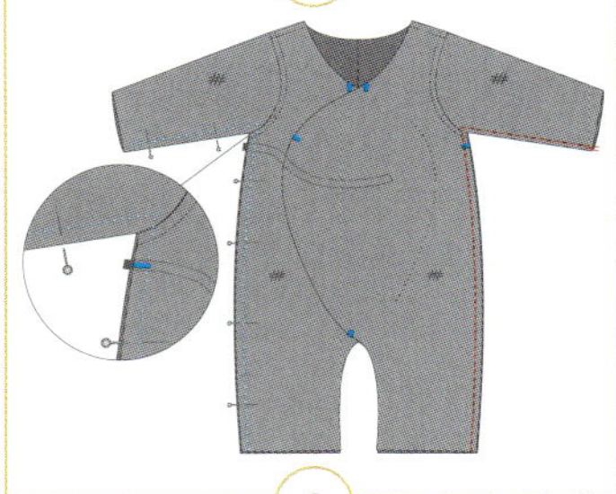

6

7

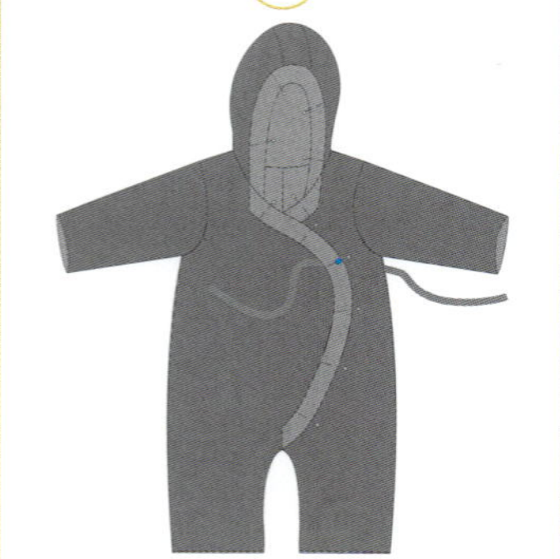

4 Die Ärmel mit den Armkugeln rechts auf rechts in die Armausschnitte stecken, dabei trifft die Schultermarkierungen des Ärmels auf die Schulternaht des Overalls und die Passzeichen von Armkugel und vorderem Armausschnitt aufeinander. Ärmel von der Ärmelseite aus festnähen (siehe Seite 50, Skizze 5).

5 Vorder- und Rückteil rechts auf rechts legen und die Ärmel in Längsrichtung rechts auf rechts falten. Bei der linken Seitennaht ein 40 cm langes Kordelstück entsprechend der Markierung zwischen die Lagen schieben. Die Seiten- und Ärmelnaht jeweils durchgehend schließen.

6 Die Kapuze mit der unteren Kante rechts auf rechts an den Halsausschnitt stecken und festnähen.

7 Die Belegteile an den kurzen Kanten laut Passzeichen rechts auf rechts aufeinandernähen. Den gesamten Beleg rechts auf rechts an die Kapuze und die vorderen Kanten der Vorderteile stecken. Das zweite Kordelstück, entsprechend der Markierung, bei dem rechten Vorderteil zwischen Beleg und Overall schieben. Den Beleg festnähen.

8 Die Nahtzugaben an den Rundungen V-förmig einknipsen. Den Beleg nach links falten, stecken und mit Zickzackstichen (3 mm lang, 2,5 mm breit) knappkantig feststeppen.

9 Die inneren Beinkanten der Vorderteile bündig rechts auf rechts auf die inneren Beinkanten der Rückteile stecken. Das linke Vorderteil liegt dabei oben. Die innere Beinnaht schließen.

10 Ärmel- und Beinbündchen vorbereiten und annähen (> Seite 16).

TIPP Wenn Sie auf der rechten Stoffseite mit dem Fingernagel fest über die Zickzacknaht des Belegs streichen, raut das Fleece wieder auf und die Naht verschwindet optisch im Stoff.

JACKE

nicht nur für coole Jungs

GRÖSSE

56–86

MATERIAL

- Stoff 1: Jersey-Cord in Grau, 130 cm x 50 cm
- Stoff 2: Jersey in Rohweiß, 130 cm x 50 cm
- Stoff 3: Bündchenware in Hellblau, 35 cm x 15 cm
- Vlieseinlage H 200, 15 cm x 3 cm
- 2 Kunststoff-Druckknöpfe in Hellblau
- farblich passendes Nähgarn

SCHNITTMUSTERBOGEN A

Hilfreiche Grundlagen auch als Online-Videos!

NAHTZUGABEN

Alle Teile mit 1 cm Nahtzugabe zuschneiden.

ZUSCHNITT

STOFF 1 UND STOFF 2:

- 1x Schnittteil „Vorderteil" in doppelter Stofflage
- 1x Schnittteil „Rückteil" im Stoffbruch
- 1x Schnittteil „Ärmel" in doppelter Stofflage
- 1x Schnittteil „Kapuze Seitenteil" in doppelter Stofflage
- 1x Schnittteil „Kapuze Mittelstück"

STOFF 3:

- 2x Schnittteil „Ärmelbündchen"

VLIESEINLAGE:

- 6x Kreis mit ø 2 cm

TIPP

Besonders warm wird die Jacke, wenn Sie für den Außenstoff Fleece verwenden.

1

2

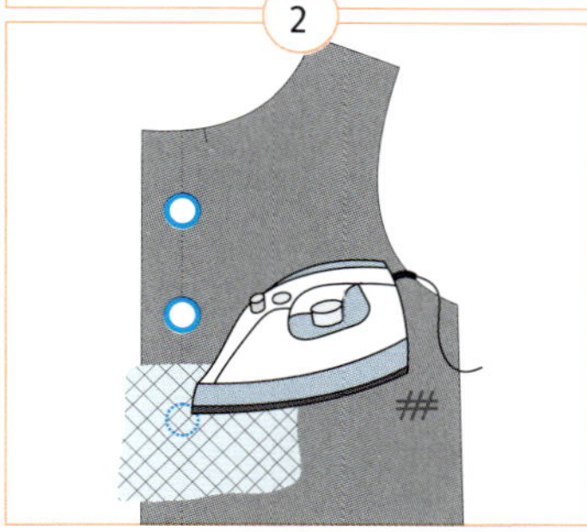

1 Für die Außenjacke aus Stoff 1 das mittlere Kapuzenstück entlang der oberen/rückwärtigen Kopfrundung rechts auf rechts zwischen die seitlichen Kapuzenteile nähen.

2 Die Verstärkungen für die Druckknöpfe gemäß den Markierungen im Schnittmuster auf die linken Seiten der Vorderteile bügeln.

3 Die Vorderteile mit den Schulterkanten bündig rechts auf rechts auf das Rückteil stecken und die Schulternähte schließen.

4 Die Kapuze mit der unteren Kante rechts auf rechts an den Halsausschnitt stecken und festnähen. Dabei am Anfang und Ende der Naht nicht in die Nahtzugaben nähen.

5 Die Ärmel mit den Armkugeln rechts auf rechts in die Armausschnitte stecken, dabei trifft die Schultermarkierungen des Ärmels auf die Schulternaht des Mantels und die Passzeichen von Armkugel und vorderem Armausschnitt aufeinander. Ärmel von der Ärmelseite aus festnähen.

6 Vorder- und Rückteil rechts auf rechts legen und die Ärmel in Längsrichtung rechts auf rechts falten. Die Seiten- und Ärmelnaht jeweils durchgehend schließen.

7 Für das Futter wiederholen Sie die Schritte 1 und 3–6 mit den Teilen aus Stoff 2.

8 Die Außenjacke auf rechts wenden und in die Futterjacke schieben, alle Außenkanten bündig legen. Die vorderen Kanten der Kapuze, sowie die der Vorderteile, die unteren Kanten des Vorder- und Rückteils zusammenstecken und -nähen – dabei an der rückwärtigen Saumnaht eine 8 cm große Wendeöffnung auslassen. Die Jacke durch die Öffnung wenden, die Nahtzugaben nach innen schieben und knappkantig oder mit Matratzenstichen schließen. Futterjacke links auf links in die Außenjacke legen.

9 Ärmelbündchen vorbereiten (> Seite 16) und an die aufeinanderliegenden unteren Kanten von Außen- und Futterärmel nähen.

10 Die Drucker gemäß den Markierungen im Schnittmuster anbringen.

3

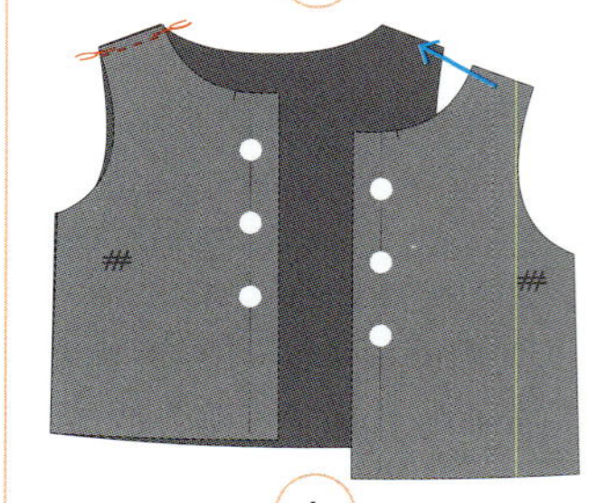

4

5

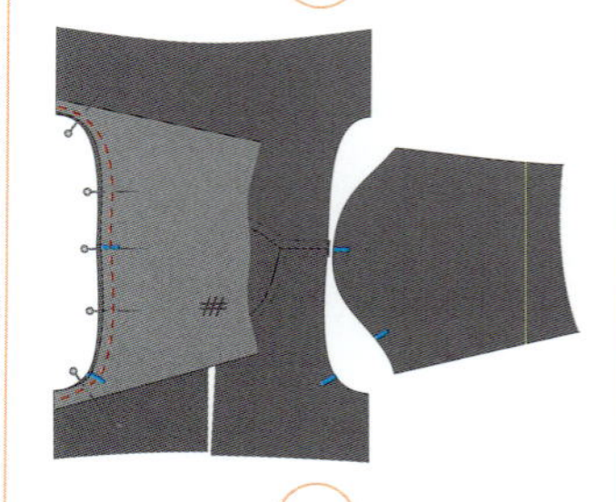

6

TIPP Die Jacke kann auch ohne Futter genäht werden. Dann die Außenkanten ohne Nahtzugaben schneiden und mit 4 cm breiten Jersey-Streifen einfassen (> Seite 16, Einfassen mit offener Unterkante).

STERNTUCH

Tag und Nacht bei dir

GRÖSSE
ca. 22 cm x 22 cm

MATERIAL
- Stoff 1: Jersey in Weiß mit lachsfarbenen Sternchen, 50 cm x 20 cm
- Stoff 2: Jersey in Rosa-Weiß gestreift, 15 cm x 15 cm
- farblich passendes Nähgarn
- (optional) Knister-/Bratenfolie

SCHNITTMUSTERBOGEN B

NAHTZUGABEN
Alle Teile mit 1 cm Nahtzugabe zuschneiden.

ZUSCHNITT

STOFF 1:
- 1x Schnittteil „Stern" in doppelter Stofflage

STOFF 2:
- 1x Schnittteil „Knoten" in doppelter Stofflage

1 Die Knoten-Teile jeweils mit der geraden Kante rechts auf rechts bündig auf die gerade Kante der Sternteile stecken und festnähen.

2 Die zusammengesetzten Teile auseinanderfalten, dann rechts auf rechts aufeinanderstecken. Die Stofflagen rundherum zusammennähen, die Wendeöffnung an einem Sternzacken auslassen.

3 Die Nahtzugaben an den Spitzen schmal abschneiden, zwischen den Spitzen bis kurz vor die Naht einknipsen (> siehe Seite 14).
Das Sterntuch wenden, Zacken und Zipfel sauber ausforme, bügelnn.

4 Die Nahtzugaben der Wendeöffnung nach innen legen und die Öffnung mit Matratzenstichen schließen oder die Bruchkanten knappkantig zusammensteppen. Den Knotenzipfel verknoten.

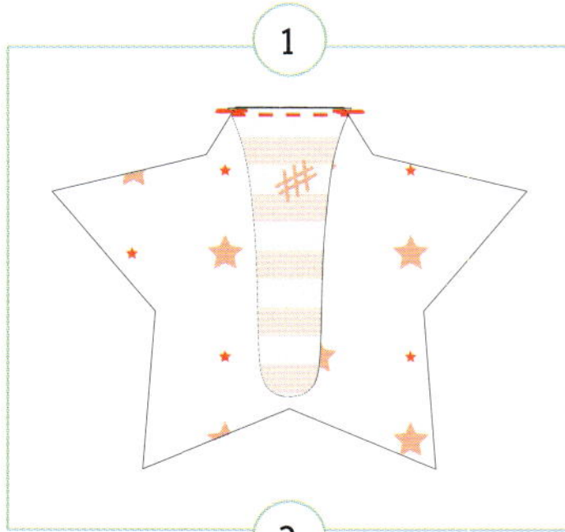

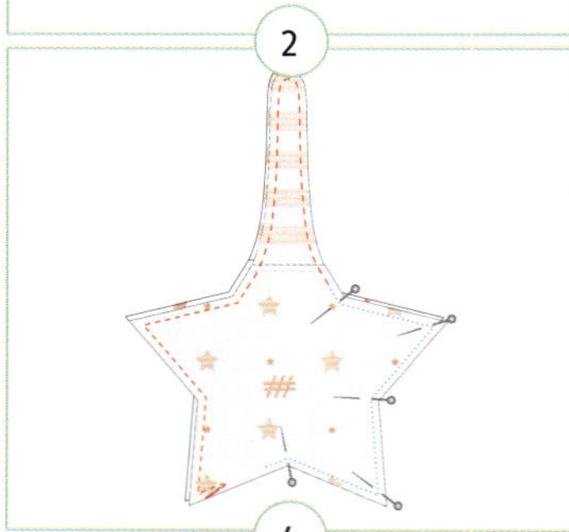

TIPP
Sie können den Stern auch mit Knisterfolie bestücken – dann raschelt er beim Spielen. Dafür das Sternteil 1x aus Bratenfolie zuschneiden und in Schritt 2 vor dem Zusammennähen unter die Stofflagen schieben. Bratenfolie ist hitzebeständig und waschbar.

Hilfreiche Grundlagen auch als Online-Videos!

KLEID

ein Muss für alle Prinzessinnen

GRÖSSE
56–86

MATERIAL
- Jersey in Altrosa mit Streifen, 130 cm x 65 cm
- farblich passendes Nähgarn

SCHNITTMUSTERBOGEN A

NAHTZUGABEN
An den unteren Ärmelkanten sowie an den unteren Rockkanten jeweils 2,5 cm für die Säume zugeben.
Alle übrigen Kanten mit 1 cm Nahtzugabe zuschneiden. Die Maße für die Bündchen beinhalten bereits 1 cm Nahtzugabe.

ZUSCHNITT
- 1x Schnittteil „Vorderteil“ im Stoffbruch
- 1x Schnittteil „Rückteil“ im Stoffbruch
- 2x Schnittteil „Rockteil“ im Stoffbruch
- 1x Schnittteil „Ärmel“ in doppelter Stofflage
- 1x Halsbündchen Vorderteil (Ausschnittlänge x 0,9) x 3,5 cm
- 1x Halsbündchen Rückteil (Ausschnittlänge x 0,9) x 3,5 cm

Hilfreiche Grundlagen auch als Online-Videos!

1 An den oberen Kanten der Rockteile die Kellerfalten einlegen und innerhalb der Nahtzugaben fixieren.

2 Das vordere sowie das rückwärtige Oberteil jeweils rechts auf rechts an die obere Kante eines Rockteils stecken und festnähen.

3 Die Halsbündchen an die Ausschnittkanten von Vorder- und Rückteil nähen (> Seite 16, ab Punkt 2).

4 Das Rückteil mit dem Halsausschnitt links auf rechts überlappend auf den Halsausschnitt des Vorderteils legen. Die Markierungen aus dem Schnittmuster treffen dabei aufeinander. Die Stofflagen im Bereich der Armausschnitte innerhalb der Nahtzugaben heften.

5 An den Ärmeln die Säume nach links schlagen, bügeln und mit dem Dreifach-Zickzackstich oder einer Zwillingsnadel festnähen.

6 Die Ärmel mit den Armkugeln rechts auf rechts in die Armausschnitte stecken – Markierungen aus dem Schnittmuster treffen aufeinander. Ärmel von der Ärmelseite aus festnähen.

7 Vorder- und Rückteil rechts auf rechts legen und die Ärmel in Längsrichtung rechts auf rechts falten. Jeweils die Seiten- und Ärmelnähte mit einer durchgehenden Naht schließen.

8 Den Rock-Saum nach links schlagen, bügeln und mit elastischen Stichen festnähen (> Seite 16).

TIPP
Für die kältere Jahreszeit sieht das Kleid in Nicki-Stoff, mit einer warmen Strumpfhose darunter, besonders schön aus.

1

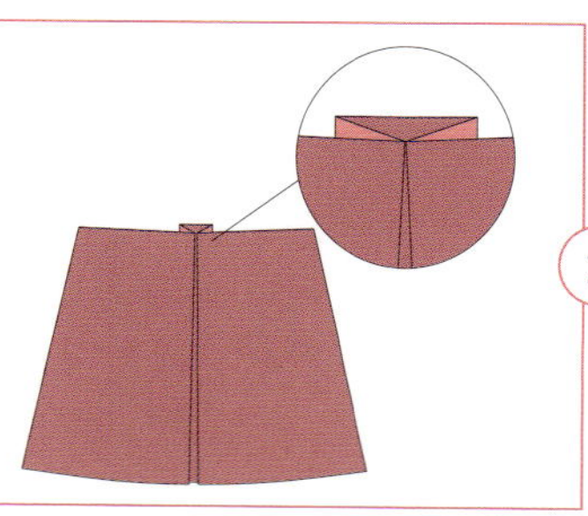

2

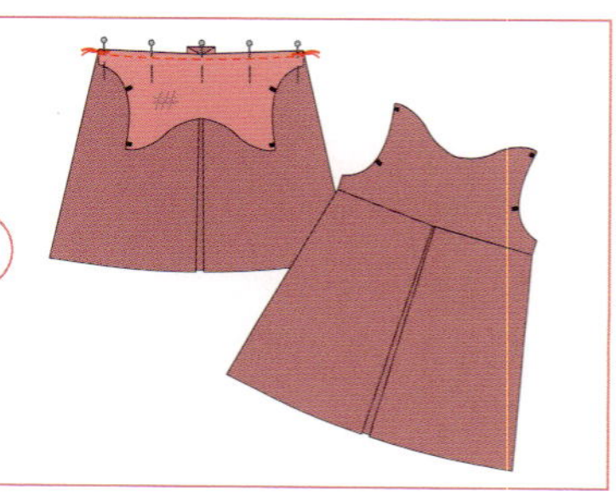

4

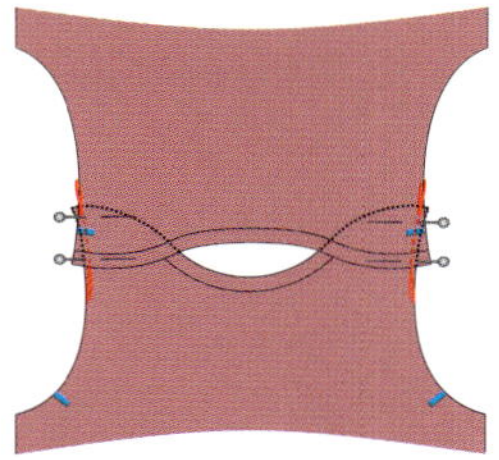

5

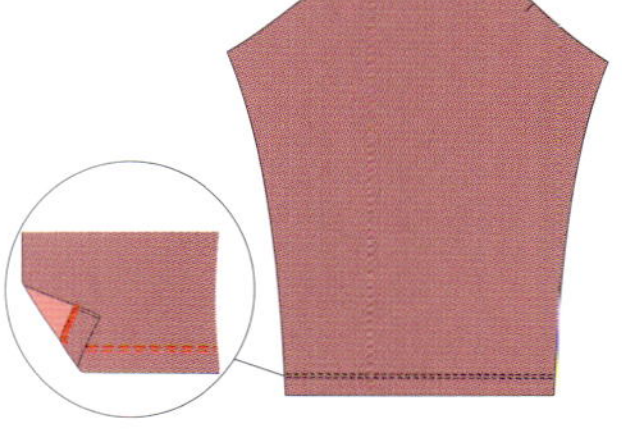

HOSE

die macht jede Bewegung mit

GRÖSSE

56–86

MATERIAL

- Stoff 1: Jersey oder Sweat in Taupe-Weiß gestreift, 90 cm x 55 cm
- Stoff 2: Bündchenware in Braun, 60 cm x 20 cm
- farblich passendes Nähgarn

SCHNITTMUSTERBOGEN B

NAHTZUGABEN

Alle Teile mit 1 cm Nahtzugabe zuschneiden.

ZUSCHNITT

STOFF 1:

- 1x Schnittteil „Hosenbein“ in doppelter Stofflage

STOFF 2:

- 1x Schnittteil „Bauchbündchen“ im Stoffbruch
- 2x Schnittteil „Beinbündchen“

Hilfreiche Grundlagen auch als Online-Videos!

1 Die Hosenbeine bündig rechts auf rechts legen und dann die vordere sowie die rückwärtige Schrittnaht schließen.

2 Die Schrittnähte zur Mitte ziehen, so dass die inneren Beinkanten bündig liegen. Die Stofflagen zusammennähen.

3 Das Bauchbündchen mittig rechts auf rechts falten und die kurzen Kanten zusammennähen (> Seite 16). Anschließend den Bündchenring an den langen Kanten links auf links falten.

4 Den Bündchenring sowie die Taillenkante in vier gleichgroße Abschnitte einteilen, dann das Bündchen rechts auf rechts mit den offenen Kanten bündig an die obere Kante der Hose stecken, dabei leicht dehnen. Die Bündchennaht trifft dabei auf eine Seitennaht der Hose, damit die Nahtzugaben im Liegen nicht auf den Bauch oder Rücken drücken. Die Stofflagen zusammennähen und die Nahtzugaben in Richtung der Hose bügeln.

5 Die Beinbündchen ebenso annähen.

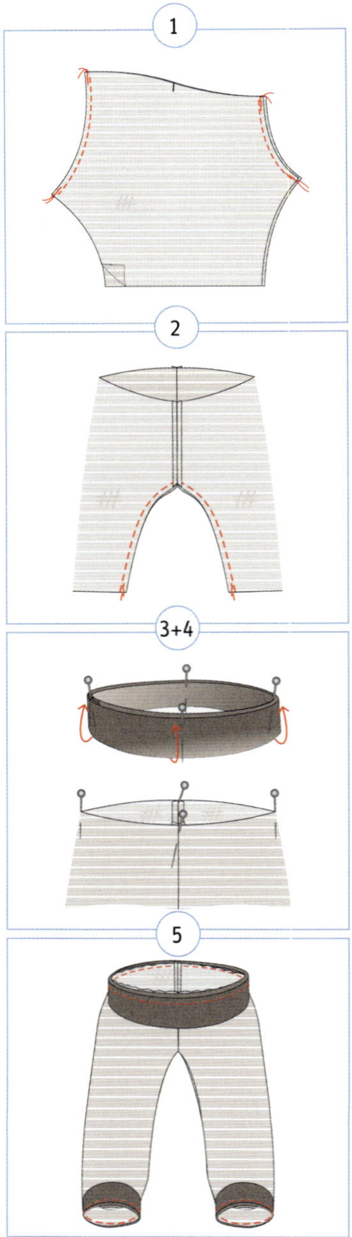

TIPP

Etwas wärmer und besonders kuschelig wird die Hose, wenn Sie sie aus Nicki nähen. Da sich durch den Flor bei Nicki-Stoffen die Lagen beim Nähen gerne gegeneinander verschieben, ist es gut, wenn sie vorher mit Handstichen zusammengeheftet werden.

SCHUHE
für zarte Babyfüße

●●●

GRÖSSE
16-17/18-19/20-21/22-23

MATERIAL

- Stoff 1: Jersey oder Sweat, 60 cm x 30 cm
- Stoff 2: Bündchenware, 40 cm x 30 cm
- farblich passendes Nähgarn

SCHNITTMUSTERBOGEN B

NAHTZUGABEN

Alle Teile mit 1 cm Nahtzugabe zuschneiden.

ZUSCHNITT

STOFF 1:

- 4x Schnittteil „Schuh“
- 4x Schnittteil „Sohle“

STOFF 2:

- 2x Schnittteil „Bündchen“

Hilfreiche Grundlagen auch als Online-Videos!

1 Die vier Schuhteile jeweils rechts auf rechts falten, die Kanten der rückwärtigen Mitte bündig legen und zusammennähen.

2 Die vier Schuhteile jeweils rechts auf rechts auf eine Sohle stecken, dabei trifft die Naht auf die rückwärtige Mitte und die vorderen Mitten liegen aufeinander. Die Teile rundherum zusammennähen, bei zwei Schuhen (= den Innenschuhen) die Wendeöffnungen auslassen.

3 Die Bündchen mittig rechts auf rechts falten und die langen Kanten zusammennähen. Die Schuhe auf rechts wenden und je einen Außen- und einen Innenschuh in ein Bündchen schieben.

4 Die offenen Kanten der Bündchen bündig auf die offenen Kanten der Schuhteile stecken, dabei treffen die beiden Nähte aufeinander. Die Stofflagen von der Bündchenseite aus zusammennähen.

5 Alle Teile durch die Wendeöffnungen der Innenschuhe auf rechts wenden. Die Nahtzugaben an den Wendeöffnungen nach innen schieben und mit Matratzenstichen oder knappkantig schließen. Die Innenschuhe links auf links in die Außenschuhe stülpen.

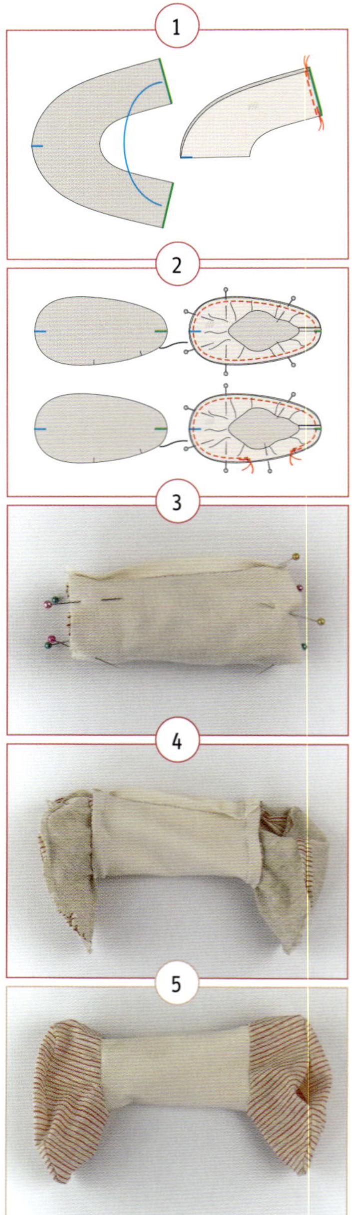

TIPP

Aus Fleece genäht, eignen sich die Schuhe auch für kältere Temperaturen. Damit die Nähte nicht zu dick auftragen, am besten nur für den Außenschuh Fleece verwenden, den Innenschuh aus Jersey arbeiten.

MÜTZE

alle mal die Lauscher aufstellen!!

GRÖSSE

Kopfumfang 39–41 cm/42–44 cm/
45–47 cm/48–50 cm

MATERIAL

- Stoff 1: Sweat in Weinrot, 60 cm x 30 cm
- Stoff 2: Sweat in Rohweiß, 40 cm x 30 cm
- farblich passendes Nähgarn

SCHNITTMUSTERBOGEN A

NAHTZUGABEN

Alle Teile mit 1 cm Nahtzugabe zuschneiden.

ZUSCHNITT

STOFF 1 UND STOFF 2:

- 1x Schnittteil „Mütze“ im Stoffbruch
- 1x Schnittteil „Ohr“ in doppelter Stofflage

Hilfreiche Grundlagen auch als Online-Videos!

1 Je zwei verschiedenfarbige Ohr-Teile rechts auf rechts stecken und entlang der Rundung zusammennähen. Die Nahtzugaben einknipsen (> Seite 14), die Ohren wenden und bügeln. Die Außenkanten der Ohren zur Mitte falten, die Umschläge an der unteren Kante in der Nahtzugabe mit geraden Stichen fixieren.

2 Bei der Außenmütze die Ohren gemäß Schnittmarkierung rechts auf rechts feststecken, ...

3 ... dann die seitlichen Oberkopfrundungen rechts auf rechts schließen.

4 Die Mütze an den verbliebenen offenen Oberkopfkanten rechts auf rechts legen – die seitlichen Oberkopfnähte treffen aufeinander. Ab der unteren rückwärtigen Kante nach vorne nähen und die Naht an der vorderen Mitte wie bei einem Abnäher auslaufen lassen.

TIPP
Für die Mütze eignen sich Sweat, Jersey, Frottee oder Nicki.

5 Die Innenmütze auf gleiche Weise nähen (ohne Ohren), hier an der rückwärtigen Naht eine Wendeöffnung von 5 cm offen lassen.

6 Die Mützen rechts auf rechts ineinander stülpen. Die unteren Kanten bündig stecken und rundum zusammennähen.

7 Die Mütze durch die Wendeöffnung wenden. Die Nahtzugaben an der Öffnung nach innen schieben und mit Matratzenstichen (> Seite 15) schließen.

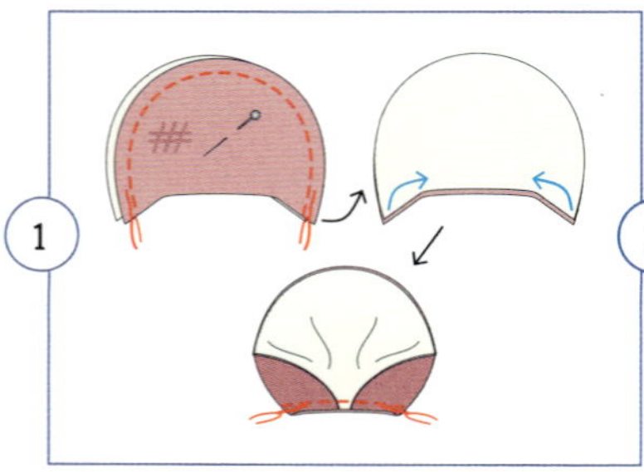

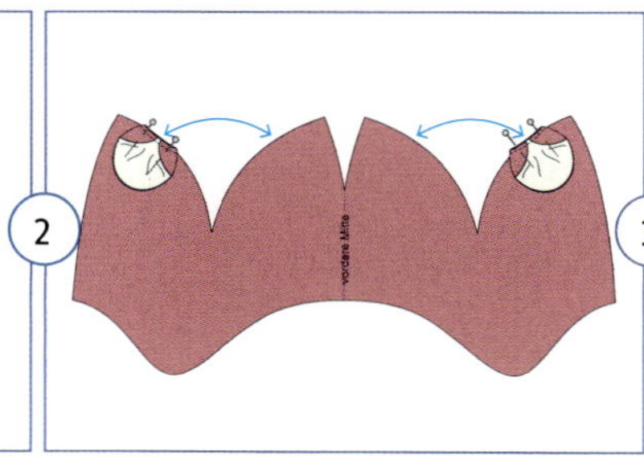

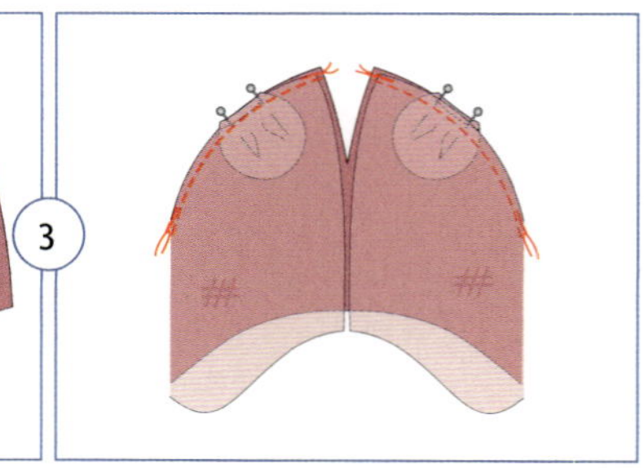

GLOSSAR

APPLIKATION Ein Motiv, das aus verschiedenen Materialien ausgeschnitten und zur Zierde aufgenäht werden kann. Dient als dekoratives Element und wird vor dem Festnähen oft mit >Vlieseofix aufgebügelt.

EINFASSEN Offene Stoffkanten werden mit Stoffstreifen eingefasst, um ein Ausfransen zu verhindern und einen hübschen, sauberen Abschluss zu erhalten. Zum Einfassen verwendet man meist Schrägstreifen, die um die Stoffkante herumgelegt und festgenäht werden.

FADENLAUF Bezeichnet die Richtung des Kettfadens und verläuft immer parallel zur Webkante. In Schnittmustern wird der Fadenlauf durch einen langen Pfeil gekennzeichnet. Er sollte beim Zuschneiden sorgfältig eingehalten werden, sonst können sich fertig genähte Modelle verziehen. Bei gewirkten Stoffen entspricht er dem Maschenlauf.

JERSEY Weicher, elastischer Stoff, der sich besonders gut für bequeme Kleidungsstücke eignet. In unzähligen Varianten erhältlich – auf gute Qualität achten!

JERSEYNADEL Speziell abgerundete Nähmaschinennadel, die Jerseystoffe näht, ohne deren Maschenstruktur zu beschädigen. Näht man Jersey mit einer normalen, spitzen Maschinennadel, können Laufmaschen oder Löcher entstehen. Jerseynadeln werden auch als Stretchnadeln bezeichnet.

KNAPPKANTIG ABSTEPPEN Ca. 2 mm neben einer bereits genähten Naht oder einer eingeschlagenen Kante wird erneut genäht. Dient der Fixierung oder optischen Gründen.

MATRATZENSTICH Handstich, mit dem sich beispielsweise Wendeöffnungen fast unsichtbar schließen lassen (> Seite 15). Wird auch Leiterstich genannt.

NÄHFÜSSCHEN Wichtiges Zubehörteil der Nähmaschine, das den Stoff beim Nähen auf die Stichplatte drückt. Spezialnähfüßchen sind für die unterschiedlichsten Nähtechniken erhältlich.

NAHTLINIE Die Linie, auf der genäht wird. Im Schnittmuster ist es die Umrisslinie der Schnittteile. Da der Stoff mit einer Nahtzugabe zugeschnitten wird, sollte die Nahtlinie auf den Stoff übertragen werden.

NAHTZUGABE Abstand zwischen der eigentlichen Naht und der Stoffkante, der beim Zuschnitt je nach Schnittmuster hinzugefügt werden muss. Für die Modelle in diesem Buch wird eine Nahtzugabe von 7–10 mm empfohlen.